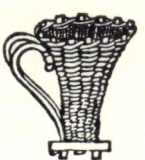

Deutschland im Juni

Günter Gaus

Deutschland im Juni

Kiepenheuer & Witsch

© 1988 by Verlag Kiepenheuer & Witsch, Köln
Umschlag Kalle Giese, Overath
Umschlagfotos, Ullstein-Bilderdienst
Satz Fotosatz Froitzheim, Bonn
Druck und Bindearbeiten May & Co., Darmstadt
ISBN 3-462-01889-2

Inhalt

6. bis 8. Juni

Läge die Berliner Charité achthundert Meter weiter westlich, so wäre Deutschland im Juni ein Ereignis wohl versagt geblieben, das für einige Tage altvertraute Gefühle wiedererweckte: Gefühle, die gewöhnlich verschwiegene Bedürfnisse vorübergehend befriedigten. Inzwischen ist jenes Ereignis so gut wie vergessen; abgesunken jedenfalls ins – wie es heißt: gesunde – Volksempfinden, das nur gelegentlich Laut gibt. Aber seinerzeit war es der vielbeachtete Auftakt einer schnellen Folge von Ereignissen, die ein kalendarischer Zufall in jenem eher kühlen, oft regnerischen Sommermonat des Jahres 1987 aneinanderreihte: zu einem Trauerspiel mit Musik, das auch eine Posse war. Es zeigten sich jedoch auch Hoffnungsschimmer. Alles in allem war es eine Lektion über deutsche Befindlichkeiten, die damals, im Juni, in seltener Klarheit und augenfälliger Bündelung zutage traten.

Die Charité, zu deutsch: Barmherzigkeit, ist Deutschlands berühmtestes Krankenhaus. Im Jahre 1710 als Pesthaus errichtet, auch als preußisches Militärlazarett genutzt und seit 1726 eine medizinische Ausbildungsstätte, wurden ihre Ärzte und Feldschere in die Professorenschaft der Berliner Universität berufen, als diese 1810 gegründet wurde. Ihr erster Dekan war Christoph Wilhelm Hufeland, der Wieland, Herder, Goethe und Schiller kurierte und ein wissenschaftlich bemerkenswertes Buch schrieb über *Die Kunst, das Leben zu verlängern*. Spektabilität Hufeland hat maßgeblich die Schutzimpfung gegen Pocken hierzulande gefördert. Drei von der Charité waren so populär, daß sie nach ihrem Tode im Kino wiederauferstanden: Rudolf Virchow in einer Nebenrolle eines Films über Bismarck, Robert Koch und Ferdinand Sauerbruch als Titelhelden.

Nach dem vorerst letzten Krieg in Europa, in den Jahren nach 1945, haben die Kliniken und Laboratorien der großen Krankenanstalt lange gebraucht, um ihren guten Ruf halbwegs zu restaurieren, den Standard ihrer Qualität zu erneuern. Die weithin zerstörte Charité gehörte nun zu einem armen deutschen Staat, und manche ihrer Ärzte suchten das Weite, sahen das Heil in ihrer Flucht. Unter den Patienten grassierte die begründete Sorge – vom Geraune über Krankengeschichten mit letalem Ausgang immer neu entfacht –, daß ihnen in den alt und schäbig gewordenen Behandlungszimmern, Operationssälen und Bettenstationen vor allem postoperative Infektionen drohten. Ende der siebziger Jahre und in den Achtzigern wurde auf dem 150 000 Quadratmeter großen Gelände der Charité viel gebaut. Hochhäuser, Bettentürme aus Beton, sind zu den früheren Bauten hinzugekommen, die mit ihren Ziegelsteinen auf den ersten Blick aussehen wie die meisten öffentlichen Gebäude Preußens vor hundert Jahren, wie Schulen, Kasernen und Landratsämter. In den alten Korridoren sind die Gerüche der Kranken, der Medikamente, der Desinfektionslaugen und der

Kantinenkost längst unbesiegbar. In den neuen Gängen müssen sie sich noch durchsetzen gegen den unspezifischen Geruch von Zement und Farbe. Aber mit der Zeit wird sich auch in ihnen das Gemenge aus Hoffnungen, Ängsten, Genesung und Verfall einnisten, zu dem sich aller Orten Krankenhausdüfte schließlich verbinden.

Mehr als tausend Betten stehen in der Charité. Über 30 000 Patienten werden dort im Jahr stationär behandelt. Das sind so viel, wie Quedlinburg am Harz und Ravensburg im Württembergischen jeweils an Einwohnern haben; Bad Harzburg und die Lutherstadt Eisleben (eine der Lutherstädte) sind, nach der Bevölkerung gerechnet, kleiner. Das Gelände der Krankenanstalt bildet, grob skizziert, ein ausgebeultes Viereck zwischen Invalidenstraße, Hermann-Matern-Straße, Schumannstraße und einer S-Bahntrasse, die kurz hinter den Häusern der Charité in den Bahnhof Friedrichstraße führt. In einer noch gröberen Skizze ist die Charité einzugrenzen von den genannten Straßen und der *Mauer*. Gleich jenseits dieses Monstrums steht hier das Reichstagsgebäude, vom ehemaligen, altertümlichen Torhaus der Charité nicht weiter entfernt als einen Steinwurf, einen Katzensprung – wie man sagt, wenn man eine bequeme Nähe bemessen will. Genauer genommen sind es einige Dutzend guter Würfe, ein paar große Katzensprünge, und es liegen die Bahntrasse, die Mauer und die Spree dazwischen. Aber in Hörweite voneinander, um dieses Maß für geringe Entfernung zu benutzen, befinden sich die Krankenstationen und der dem deutschen Volke gewidmete Parlamentsbau, der heute an den meisten Tagen eine leere Hülle ist, allemal.

Achthundert Meter weiter westlich – wenn ihrer Keimzelle, dem Pesthaus, damals, im Jahre 1710, dieser Platz bestimmt worden wäre – läge die Charité etwa da, wo jetzt der Lehrter Stadtbahnhof verkümmert. Auch hier stieße sie an die Invalidenstraße, die auf beiden Seiten der Mauer so heißt. Sie berührte Alt-Moabit und erstreckte sich womöglich bis in den Fritz-Schloß-Park, der auf Trümmerschutt angelegt wurde und nach einem Bezirksbürgermeister benannt ist. Leicht läßt sich denken, daß sie das Straßeneck besetzt hielte, wo das Moabiter Gefängnis steht, in dem der eingekerkerte Albrecht Haushofer seine »Moabiter Sonette« schrieb und in dessen Nähe er am 23. April 1945 von der Gestapo ermordet wurde. Auf jeden Fall, achthundert Meter genügen, befände sich die Charité westlich der Mauer; unter dem schützenden Besatzungsrecht der West-Alliierten; auf dem Boden eines nach westlichem Muster verfaßten Staatsgebildes; durch keine Grenze getrennt vom »Kaufhaus des Westens«, auf dessen Feinkostetage die Westler, freilich nicht alle, ein Stelldichein mit spätrömischen Verfeinerungen der Lebensnotdurft haben; im westlichen Schaufenster, mit westlichen Zeitungen wie der »BZ« und der »Morgenpost« an den Betten; in Berlin (West). Mit einem Wort, das so viel beansprucht und bemäntelt: im Westen eben. Berlin (Ost), die Hauptstadt der DDR, läge im Rücken der Charité. Aus der Hörweite zum Reichstagsgebäude wäre sie allerdings nicht hinausgelangt.

Über tausend bettlägerige Kranke; die meisten von

ihnen wohl nicht auf den Tod erkrankt (bis später im Leben, eines Tages), aber doch alle so malade, daß sie zu Hause nicht bleiben konnten. Wenn sie Westler wären, weil die Charité um einen knappen Kilometer in diese Richtung von ihrem Ort verrückt wäre: Ließe sich vorstellen, daß in ihrer Hörweite, spätabends unter freiem Himmel, ein Konzert veranstaltet würde, dessen Musik ihrer Art nach den vollen Klang und ganzen Reiz erst gewinnt, wenn ihre Lautstärke durch elektrische Hilfsmittel bis nahe an die Schmerzgrenze der Ohren von gesunden Menschen gesteigert wird? Ein sogenanntes Rock-Konzert. Nein, es läßt sich nicht vorstellen. Der soll vortreten, der es sich vorstellen kann. Ist es nicht ein realer, ein nicht nur reklamierter Vorzug des westlichen Systems, daß seine Bürgerinnen und Bürger vor Gericht einstweilige Anordnungen gegen den Übermut oder die Gedankenlosigkeit von Ämtern erwirken können, die solche Konzerte im Freien, auf öffentlichen Plätzen zu genehmigen haben? Gibt es für derlei Veranstaltungen in Westberlin nicht die Waldbühne? Anwälte für die Nachtruhe der Patienten und anderer Nachbarn des Spektakels hätten sich in großer Zahl gefunden; das anwaltliche Domestizieren von Behörden ist inzwischen guter, populärer Sport geworden. Aber der Gang zum Richter wäre gar nicht nötig gewesen. Politiker jeder Farbe, aus der örtlich zuständigen Bezirksversammlung wie dem Abgeordnetenhaus, hätten sich verbeten, den Schlaf ihrer Wähler so gering zu achten. Kranke Menschen und diese lärmende Musik – unerhört. Schließlich sind es nicht die Patienten allein. Man bedenke den Meinungsmultiplikator in der Stadt, der sich in der Besuchszeit am nächsten Tag aus den Gesprächen am Krankenlager ergeben hätte: Wie geht es dir denn heute? – Ach, nicht so gut; ich habe kein Auge zugemacht. – Ich bin bei Alwine im Krankenhaus gewesen. Die hat letzte Nacht gar nicht schlafen können. – Was war denn los? Ob die Musik wirklich so quälend laut zu hören war, das Wachliegen nicht auch andere Ursachen hatte und später doch noch der erquickende Schlummer kam: Was verfängt das vor dem vorwurfsvollen Seufzer? Zu dem hätte es kein Volksvertreter kommen lassen mögen. Und Tatsache ist: Rock-Konzerte sind danach beschaffen, das Ruhefinden von Gesunden wie Kranken zu übertönen. Kein Arzt wird es gutheißen.

Aber die Charité liegt östlich der Mauer, was so gut wie alles ändert – außer die Hörweite. Über Pfingsten, vom 6. bis zum 8. Juni, wurde an drei Abenden auf dem weiten, freien Platz vor dem Reichstagsgebäude elektrisch verstärkte Rockmusik zu Gehör gebracht. Das Festival – 60 000 verkaufte Karten – war ein Glied in der Kette aus Kunst und Kommerz, die sich die West-Stadt als Schmuck und immer in der Gefahr der Selbststrangulierung aus Überdruß fast ein ganzes Jahr lang um den Hals gelegt hatte, um ihren 750. Geburtstag zu würdigen. (Nach den Regeln ihres Systems für Brot und Spiele feierte die Ost-Stadt nebenan ebenso lange denselben Anlaß.) Der Lärm, gewiß bedauerlich für die Patienten der Charité. Aber sie sind von dem Regime, unter dem sie leben, die Rücksichtnahme ohnehin nicht gewöhnt, auf die westliche Kranke hoffen können. Das kann man gar nicht vergleichen. Sie sind da drüben weniger verzärtelt, kennen ihre eigenen lauten Aufmärsche und Paraden und haben wahrhaftig anderen Kummer als einen gestörten Abendfrieden, eine verspätete Schlafenszeit. Und vor allem: Freiheit hat ihren Preis. Die drei pfingstlichen Rock-Konzerte sollten nicht nur musikalischen Genuß bescheren, sondern auch eine Botschaft übermitteln. Je näher an der Mauer angestimmt, desto deutlicher schallte sie hinüber: Hört her, was wir haben, das ihr nicht oder nur viel schlechter, schwächer habt. Den freiheitlichen Rausch des Rock, Rock, Rock.

Wie wurde westlich der Mauer die Einheit der Stadt beschworen; kein öffentlicher Zungenschlag ohne solchen Schnalzer. Was hatte man nicht alles versucht, wie unverzagt hatte man die Geduld der drei westalliierten Befehlshaber auf die Probe gestellt, um etwas Gemeinsames mit den jenseitigen Berlinern, wenigstens zum Geburtsjubiläum, zu arrangieren. Es fehlte nicht viel und man wäre über den eigenen Schatten gesprungen. Das einzigartige Seelengebräu, das westberlinischen Politikern gegebenenfalls aus den Poren dringt, klebte an den öffentlichen Verlautbarungen und durchfeuchtete fast jedermanns Rede: die Selbstgewißheit, über das Trennende hinweg zusammenzugehören, auch wenn die Welt voll Teufel wär; dargeboten als bildungsbürgerliches Sentiment, gewürzt mit einem Schuß Volkstümlichkeit, die an diesem Ort als sogenanntes Herz mit Schnauze zutage tritt. Zwar kam politisch zwischen Westberlin und Ostberlin nichts zustande, was teils an den im westlichen Geburtstagsjubel wieder einmal aus dem Auge verlorenen Realitäten lag, teils an übertriebenen Absichten Westberliner Politiker und einer gewissen Enge ihrer

Ostberliner Berufsgenossen – und nicht zuletzt an der gemeinsamen Unlust aller vier ehemaligen Verbündeten, der US-Amerikaner, Sowjetrussen, Briten und Franzosen, an derlei Aktivitäten. (Etwas Gemeinsames also immerhin; nicht in, aber über Berlin.) Aber wenn schon diese Saat nicht aufging, so sollte doch das *rein Menschliche* nicht zu kurz kommen. Keine Westberliner Gelegenheit ohne die Beteuerung, daß die Menschen, die Deutschen, die Berliner drüben, allen Gewalten zum Trotz, im Geiste stets einbezogen sind, der mitfühlenden Fürsorge ihrer bessergestellten Mitmenschen, Mitdeutschen, Mitberliner gewiß sein können, wann immer sie menschenmöglich ist.

Nach alledem und noch viel mehr im selben Sinne – muß da der Sammler von Belegen für die Kluft zwischen Wort und Wahrheit, Versprechen und Verwirklichung, Propaganda und Praxis nicht dankbar sein für das Beispiel, das die Charité und achthundert Meter hin oder her so griffig darstellen? Ein rares Sammlerstück. Die Sache an sich – das Ersticken herzbewegender Ankündigungen in den Verhältnissen, wie sie nun einmal sind – begleitet das Leben im großen wie im kleinen. Exempel aus der Historie sind leicht bei der Hand, der Abstand zwischen Idee und Realität kann schwermütig machen. Auch Wahlkämpfe liefern auf ihre bescheidenere Weise Material; und jedermann hat, immer vom eigenen Standpunkt aus, die schlagenden Beispiele gegen den anderen im Arsenal seiner geistigen Waffen. Aber diese herrschende Übung, sich selber nicht beim Wort zu nehmen, auch schon angewandt aus Anlaß eines Rock-Konzerts? Von allen Möglichkeiten, denen drüben Gutes zu tun, war die wohlfeilste gegeben; kein Hindernis lag zwischen der mundvoll für mundvoll verheißenen Fürsorge und ihrer Anwendung. Weder mühselige Verhandlungen mit den regierenden Kommunisten in Ostberlin waren nötig, noch mußte Geld beschafft werden. Man hätte nur den Patienten dort gleich hinter der Mauer dieselbe Schonung zukommen lassen müssen, wie man sie – aus Respekt vor Wählerstimmen, Bürgerinitiativen, Advokaten und auch Einsicht – westlichen Kranken seit Jahren gewöhnlich gönnt. Wohin war die Lobby der vom Westen getrennt lebenden Deutschen entschwunden? Hielten ihre Mitglieder, unter ihnen so gut wie alle namhaften Volksvertreter Westdeutschlands und Westberlins, gerade Festvorträge über die nationale Identität? Weilten sie alle auf Akademien?

Weder Hohn und Spott noch Ironie können dem Beispiel, das diesseits der Mauer an den Patienten der Charité demonstriert wurde, ganz gerecht werden. Zunächst einmal muß die ihm innewohnende Komik ins Bewußtsein gehoben werden: die totale Beziehungslosigkeit zwischen den rhetorischen Sentimentalitäten, der inneren Bewegung bis zu Tränen fast, den Gelübden, bei denen bebende Ergriffenheit durch Tremolo markiert wird – und dem konkreten Handeln und Unterlassen. Wer einmal verstanden hat, wie komisch das ist, wird künftig als Zuhörer einschlägiger Ansprachen und Appelle nur noch von seinem eigenen Gelächter gefährdet sein. Die große Schönheit des Beispiels der Charité liegt in seiner Schlichtheit, seiner Alltäglichkeit. Keine Idee, kein Programm mußte vom Ideal zur realen Existenz transportiert werden. Nur die Hörweite wäre zu berücksichtigen gewesen. Wie es dazu kommen konnte, daß Rücksicht nicht genommen wurde? Wenn man das Bündel von Gründen lange genau betrachtet hat, noch einen möglichen Grund hinzugefügt, einen anderen ausgeschlossen hat, dann bleiben ein vorletzter und ein letzter als die entscheidenden übrig. Der vorletzte ist von allgemeiner Natur, er wirkt in der Politik aller Herren Länder: Symbole – hier der Reichstagsbau als Kulisse der drei Rock-Konzerte – werden benutzt, um die Emotionen von Menschen über die schnöde Beschränkung auf ihr persönliches Wohl und Wehe emporzuheben; wenn es glückt, bis zu einer Siedehöhe, bei der die Wörter: aufheizen, aufpeitschen, aufputschen angemessen sind. Gefühle, die vor Symbolen erstarken, sind edler und brauchbarer als solche, die in Gastwirtschaften entstehen. Die Grabmale unbekannter Soldaten gelten bei Traditionalisten als geeignete Orte, auch Fahnen werden verwendet. Sowjetbotschafter Abrassimow in Ostberlin ließ einmal zum Cocktail anläßlich des Revolutionsfeiertags aus Moskau die Fahne in seine Residenz Unter den Linden bringen, die Rotarmisten im Mai 1945 auf der ausgeglühten Kuppel des Reichstags gehißt hatten. Im klirrenden Stechschritt bahnten sich der Fahnenträger und zwei Ehrenoffiziere ihren Weg durch die erschreckt zur Seite drängenden Gäste des Diplomaten. Unsere Schamanenzeit haben wir Menschen weder in Ost noch West, im Norden so wenig wie im Süden hinter uns gelassen. Ehemalige Konzentrationslager werden westlicherseits nur zögernd unter das Symbolträchtige eingereiht. Denn Symbole müssen zu ihrer vollen Wirkung in pluralistischen Systemen jedem Meinungsstreit möglichst entrückt sein, sollen Mehrheiten ansprechen.

Im hier behandelten Fall, Auftritte im Schatten des Reichstagsgebäudes, konnte bei den Rock-Konzerten unterstellt werden, daß die Stimmung von der Musik hergestellt werden würde: also mehr Gastwirtschaftscharakter; da im Freien: mehr Biergartencharakter; da Rock: mehr Discocharakter haben würde. Dieselben Konzerte auf der Westberliner Waldbühne hätten das damit verbundene gewisse Ordinäre nicht überspielen können. *Gewalttätige Begeisterung* des jugendlichen Konzertpublikums, die bei Rockmusik oft wie ein Verstärker dazugehört, wäre an einem Ort ohne Symbolkraft nichts anderes gewesen als ein neuerliches Zeichen der bedenklichen Verrohung städtischer Halbstarker. Aber wenn die Musikgruppen vor dem Reichstagsbau aufspielten, dann kamen ein höherer Zug, eine Wende ins Politische, ein – lauter – Hauch des Freiheitlichen in die Sache hinein; wohl weniger für das mitrockende Publikum, jedoch gewiß für die öffentliche Bilanz der ganzjährigen Geburtstagsfeier. Dank der deutschen Teilung ist der große, dürre Platz vor dem Reichstagssymbol doppelt verwendbar: für den westlichen Hausgebrauch und – akustisch – über die nahe Mauer hinweg. Steht man vor der Treppe, die zum Hauptportal hinaufführt, so liegen links von dem geduckten, breitgezogenen Gebäude die Charité und gleich rechter Hand, ebenfalls schon jenseits der Grenze, das Brandenburger Tor. Gewöhnlich ist der Platz vor dem Parlamentsbau menschenleer, die Touristen werden in Omnibussen vorbeigefahren; langsam, als ob die Chance zeitlich gestreckt werden sollte, daß sie begreifen, was das Auge hier in einem Blick erfassen kann. Wer allein in dieser Ödnis spaziert, mitten in einer Stadt, hart an der Grenze zwischen zwei Städten, kann, wenn ihm danach zumute ist, durchaus ins Grübeln geraten. Wie sollten die, die mit Symbolen arbeiten – wahrscheinlich eher aus Routine als mit vollem kalkulierenden Bewußtsein –, solche Gegebenheit brachliegen lassen? Reichstag, Mauer und Brandenburger Tor zueinander in Sichtweite, in Hörweite, auf einem historischen und politischen Katzensprung. Was einem einzelnen vielleicht ans Herz greift, wieviel gewaltiger muß die Wirkung sein, wenn man die Herzen von Tausenden gleichzeitig dieser Möglichkeit aussetzt. Die Rockmusiker nicht vor dem Reichstagsgebäude aufspielen zu lassen wäre undankbar gewesen gegenüber der günstigen Lage des Reichstags.

Dennoch: es mußte zu diesem allerorten wirkenden Grund, Menschenmassen aus Gewohnheit und weil es nutzen kann, vor Symbolen zu versammeln, zu vereinen, ein letzter, spezifisch westdeutscher und westberlinischer hinzukommen, damit das Ruhebedürfnis der Patienten der Charité mißachtet werden konnte. Politische, staatliche Symbole haben ihr Auf und Ab, sie erleiden gelegentlich Werteinbußen, von denen sie sich oft erst in Jahrzehnten erholen. Nach größeren militärischen Katastrophen zum Beispiel können viele Jahre vergehen, bis Kriegerdenkmäler und Rekrutenvereidigungen als öffentlicher Festakt wieder ihren angestammten Platz in der Gesellschaft einnehmen. Politische Regime wie das in der DDR, deren Funktionäre beanspruchen, an dem jeweiligen vorangegangenen Unglück nicht schuld gewesen zu sein, sind im ungenierten Gebrauch von Symbolen freier als solche wie das westdeutsche, unter denen – vorübergehend, mit nachlassendem Engagement über die Jahre hin – gestritten wird, ob nicht das emotionale Überwältigtwerden vom Symbolträchtigen zur Katastrophe beigetragen hat. Schließlich wird alles wieder beim alten sein, aber es braucht seine Zeit. In der Bundesrepublik Deutschland und Berlin (West), das laut Viermächteabkommen nicht von ihr regiert wird, aber doch durch und durch Fleisch von ihrem Fleische ist, sind die Symbole samt allem, was dazugehört, in den letzten Jahren gesundet. Der Bundeskanzler und der amerikanische Präsident auf dem Soldatenfriedhof in Bitburg, ein deutscher General und ein amerikanischer mit einem gemeinsamen Kranz dabei; der Bundeskanzler und der französische Präsident Hand in Hand vor den Gräbern von Verdun; die Nationalhymne als Rausschmeißer aus dem abendlichen Fernsehprogramm: einige Blüten nur an dem kräftig sich erneuernden Gewächs.

Aber ins westliche Deutschland und Berlin ist, als alles Symbolische noch recht geschwächt war, eine hierzulande bis dahin eher fremdartige Gesinnung eingedrungen, die meint, das gewöhnliche Individuum, der Mensch konkret, besitze einen Anspruch auf pflegliche, zuvorkommende, dienende Behandlung seitens der staatlichen Organe. Das Individuum sei Herr oder Herrin des Staates und nicht der Humus der Geschichte, aus dem staatliche Allmacht den Stoff für historische Taten bezieht. Es gab zeitweilig einen Bundespräsidenten, der auf die Frage nach seinen Gefühlen für das staatlich verfaßte Vaterland spöttelte: lieben, nein, lieben tue er seine Frau. Inzwischen sind staatspolitische Frivolitäten eingedämmt, mehr noch:

zurückgedrängt worden. Um den wiederbelebten, zweckmäßig vereinfachten, aus erzieherischen Gründen von Widersprüchen gereinigten Begriff *Preußen* hat sich in jüngster Vergangenheit bereits wieder ein Staatsverständnis öffentlich entwickelt, das den ins Unrecht setzte, der noch unverfroren vom Staat als Dienstleistungsbetrieb sprechen wollte. Der alte Zauber beginnt erneut zu walten: Ideale werden von der maßgeblichen politischen Rhetorik wieder in den Mittelpunkt gerückt, denen, der Definition nach, die Oberschicht der Gesellschaft weit, weit eher gerecht werden kann als die niedriger gestellte Bevölkerung. Die *Leistungsbereitschaft* etwa – um wieviel idealer tritt sie zutage, wenn sie als der wagemutige Zugriff von unternehmerischen Persönlichkeiten erscheint und nicht als eintönige Schichtarbeit anonymer Belegschaften. So ermöglicht sich dann auch ein *Lohn der Tugend.* Wo es gelingt, von ihm zu sprechen, verlieren Privilegien nicht nur ihre Anstößigkeit, sondern werden als solche lediglich von Neidern noch wahrgenommen. Die Übereinstimmung der preußischen Herrenschicht mit den für sie maßgeschneiderten Idealen verdeckte so gut wie ganz die hohen Dotationen und andere Vorrechte, die seinerzeit Staatsmänner und Generäle, anspruchslose Helden der Schulbücher, erhielten und deren Aufstockung sie notfalls brieflich noch weiter oben anmahnten. Der junkerliche Staatsdienst zum Beispiel, ein gefeiertes Ideal ohnegleichen, fast schon ein Symbol an sich, basierte tatsächlich auf einem lange behaupteten Monopolanspruch, einer Art gewerkschaftlichem closed Shop, einer Ämterpatronage, wie etwa die kommunistische SED sie betreibt.

Bescheidenheit, Mäßigung stand als Tugend der Ausgesperrten auf der Rückseite der Medaille. Dieselbe Volkserziehung, die seit geraumem gleichzeitig mit dem neuerlichen Erstarken von Symbolen wieder zu Ehren kommt, schafft für die heutige Herrschaft die Toleranz, mit der beispielsweise die Allgemeinheit gewisse Unterschiede in den Segnungen einer Steuerreform oder die Rückbesinnung auf den Nutzen klassenspezifischer Schulformen gutheißt – stillschweigend oder sogar als Ansporn, sich noch krummer zu legen, um den Anschluß nach oben zu gewinnen. Dies Ziel werden – *die Natur*, sagt man, will es so – nur wenige erreichen. Aber wie brauchbar im Sinne der gesellschaftlichen Ideale werden sie alle auf dem Wege dahin sein: die Erfolgreichen und mehr noch jene vielen, die als Unteroffiziere des Systems enden. Und wie werden sie es zufrieden sein.

So ist im Grunde alles dabei, wieder ins Lot zu kommen. Keiner, der bei Verstand ist, wird annehmen, daß gewisse alternative Lebensformen und die mit ihnen gelegentlich verbundene Aufmüpfigkeit gegen die Ordnung mehr als ein Intermezzo sein werden. Die Kinder werden älter, und wer von ihnen dabei nicht zur Vernunft kommt, wird schließlich nur noch ein Eigenbrödler sein, wie es sie immer gegeben hat. Erwiesen hat sich inzwischen, daß im großen und ganzen ein schmucker Kompromiß zwischen den so lange vernachlässigten Bedürfnissen des Staates und maßvollen individuellen Rechten möglich ist. Natürlich darf man dabei nicht zu weit gehen. Der Weg zum Verwaltungsgericht ist in mancher Hinsicht schon zu breit und einladend geworden. Es liegt nicht im allgemeinen Interesse, sozusagen ein Volk von erfolgreichen Michael Kohlhaasen heranzuziehen. Die Behörden werden in ihrer Arbeit, ihrer Pflichterfüllung behindert, wenn sie wegen all und jedem vor Gericht genötigt werden können. Jedoch kann, beispielsweise, die Nachtruhe von Krankenhauspatienten ohne weiteres von einstweiligen Gerichtsanordnungen geschützt werden, falls nicht die Ämter und Politiker vorher schon das Recht auf Genesungsschlaf respektieren. Die Bettlägerigen der Charité hätten darauf, so oder so, mit Gewißheit bauen dürfen, befänden sich ihre Betten nur achthundert Meter weiter im Westen.

Der letzte entscheidende Grund nun also, warum denselben Kranken, freilich Ost-Kranken, in jenem Monat Juni (1987), dessen deutsche Ereignisse hier rekapituliert werden sollen, um über sie vom Hundertsten ins Tausendste möglicher Betrachtungen zu gelangen – warum den Ost-Kranken vom 6. bis zum 8. Juni, über Pfingsten, der westlich der Mauer üblich gewordene Schutz, die Barmherzigkeit, die sie vor Rockmusik bewahrt hätte, nicht zuteil geworden ist. Der Grund ist einfach zu benennen, aber kaum zu glauben. Wäre das Beispiel, das die Charité bietet, nicht so unwiderlegbar, man würde besser die an ihm offenkundig gewordene Tatsache, in der der Grund liegt, stillschweigend auf sich beruhen lassen. Welchen Sinn sollte es wohl haben, eine Tatsache ohne zwingenden Beleg ins allgemeine, öffentliche Bewußtsein heben zu wollen, die sogleich aus ehrlicher Überzeugung, so, wie behauptet, könne es wahrhaftig nicht sein, wieder verdrängt würde? Daher soll schnell noch, bevor der letzte Grund preisgegeben wird, das Unwiderlegbare, das Beispiel der Patienten der Charité, zusätzlich gefestigt werden: Eine nachträgliche Erklärung, der Wind habe letzte Pfingsten in Berlin so gestanden, daß die Musik zwar schräg rechts hinter dem Reichstag zu hören gewesen sei, nicht aber links von ihm, wo die Charité liegt – eine solche nachgeschobene Erklärung wird nicht verfangen. Denn erstens konnte kein Amt wissen, woher der Wind wehen würde, als die Konzerte für diesen Ort verabredet wurden, und zweitens ist der Abstand zwischen dem Platz vor dem westlichen Reichstagssymbol und der östlichen Krankenanstalt so klein, daß auch bei Windstille eine gewisse Lärmbelästigung unvermeidlich war.

Der Grund: Vom Westen her gesehen, aus westlicher Sicht werden die Menschen drüben *nicht ohne weiteres* als Menschen wahrgenommen. Damit sie als solche erkannt werden, müssen sie besondere Eigenschaften besitzen. Sie müssen Tante Anna und Vetter Otto, die Großmutter und das Schwesterkind sein, oder auch der Studienkollege von damals, der Kriegskamerad aus Rußland. Eine andere Möglichkeit für die Deutschen in der DDR, den Westdeutschen konkret als Menschen zu erscheinen, ist eine spektakuläre Flucht, im Heißluftballon etwa. Eine auffällige Widerstandstat gegen das dortige Regime, das Entrollen eines Transparents mit widerspenstigen Parolen auf dem Alexanderplatz zum Beispiel, sichert schon nicht mehr zuverlässig die vollständige Menschwerdung in westlichen Augen; derlei Fälle tendieren oft in der hiesigen Betrachtung, sofern nicht Prominente darin verwickelt sind, ins Symbolische des allgemeinen, anonymen Widerstands, der damit an Breite gewinnt. Und so gut wie keine

Aussicht, von der Bundesrepublik und Berlin (West) aus ganz selbstverständlich, ohne Nachdenken als gewöhnliche Menschen mit ihren ordinären Vorzügen und Mängeln angesehen zu werden, haben, beliebig aufgezählt, Fabrikarbeiter aus Magdeburg, Handwerksmeister in Thüringen und Genossenschaftsbauern von Piepeiche. Oder die Patienten der Ostberliner Charité. Es sei denn, sie besäßen die oben genannten Eigenschaften. Fehlen ihnen diese, so bleibt ihr Menschsein westlichen Augen weithin verhüllt durch die so erbaulichen wie markigen Metaphern, mit denen sie von hier aus in bester Absicht bedacht werden und die gewährleisten, daß die öffentlichen Gefühle, die man für die da drüben hegt, nicht ins Banale geraten, wie etwa eine Fürbitte: »...und laß uns ruhig schlafen, und unsern kranken Nachbar auch.« Solchen Alltäglichkeiten ist ein Riegel vorgeschoben durch – wiederum nur beispielhaft aneinander gereiht – Sinnbilder wie *unsere Brüder und Schwestern; 16 Millionen Geiseln; Deutsche in einer sowjetischen Kolonie; Opfer von Jalta*. Dahinter kann das, was ein Mensch vor allem ist, bevor er auch eine Litfaßsäule für politische Plakate ist, leicht entschwinden.

Einmal auf die Spur gebracht, sind in den letzten Jahren einige Bücher und manche Korrespondentenberichte über die *Nischengesellschaft* der DDR in der Bundesrepublik erschienen. Sogar politologische Forschungen werden dem Begriff, der die unplakative Lebensform dort charakterisiert, seither gewidmet. Wer immer an dieser Art Erhellung des anderen deutschen Staats hierzulande mitgewirkt hat, mögen er und sie doch unverdrossen bleiben: Die gute Tat trägt ihren

Lohn in sich. Aber leichtfertig ist – die Patienten der Charité beweisen es –, aus dem Zuspruch hiesiger Minderheiten für entsprechende Bücher, Artikel, Hörfunkreportagen und Fernsehfilme zu schließen, ein relativ unverstellter Blick habe allmählich die abstrakten Metaphern auch aus dem mehrheitlichen westdeutschen Bewußtsein von der DDR vertrieben, habe nicht die Unterschiede zur Lebensform diesseits der Mauer aus dem Auge verloren, aber doch den Sinn für die konkreten Lebensbedingungen drüben geschärft – bis hin zu ihrer Berücksichtigung bei Platzkonzerten. Dem ist nicht so.

Es ist ein lehrreicher Juni gewesen.

*

Die Rock-Konzerte bis spät in den Abend am Pfingstsonnabend, Pfingstsonntag und Pfingstmontag waren ausverkauft und nach dem übereinstimmenden Urteil der Veranstalter und Rezensenten ein großer Erfolg. Übertitelt war dieser Programmteil der ganzjährigen Feiern zum 750. Geburtstag der – in diesem Jahr besonders oft so genannten – deutschen Hauptstadt »Concert for Berlin«. Das war nicht mehr als korrekt, denn die beliebtesten Kapellen für solche Musik sind britisch oder amerikanisch; und sie waren geladen, weil das Beste gerade gut genug sein konnte. Ist es Chauvinismus oder Deutschtümelei, wenn ein beiläufiger, ganz und gar nebensächlicher Gedanke des Juni-Chronisten dahin abschweift, ob beispielsweise Paris seinen Geburtstag mit fremdsprachigen Überschriften schmücken würde? Was steckt hinter der französischen Unnachgiebigkeit nicht zuletzt im Sprachlichen, und was hinter der westdeutschen Hingabe? Die Weltoffenheit von Paris besteht noch immer darin, trotz Drugstore, Hotdogs und Milkshakes, daß die Stadt sich die Welt anverwandelt. Worin drückt sich die Offenheit von Berlin (West) aus?

An allen drei Konzertabenden war die Stimmung vor dem Reichstagsgebäude gut, obwohl ein kühler Wind wehte. Das ganz am Anfang dieses deutschen Monatsberichts erwähnte Ereignis, der vielbeachtete Auftakt einer schnellen Folge von weiteren Ereignissen im Juni – jenes Ereignis, zu dem es nicht gekommen wäre, läge die Charité achthundert Meter weiter westlich und hätten daher ihre Patienten die üblich gewordene Rücksicht erfahren: es entwickelte sich ganz allmählich über die drei Abende hin. Gemeint sind mit dieser deutschen Juni-Ouvertüre die Teilhabe von Ostberlinern an den Konzerten vor dem Reichstagsgebäude als Zaungäste jenseits des Brandenburger Tors; die damit verbundenen Zusammenstöße zwischen Volkspolizei der DDR und Jugendlichen Unter den Linden, wobei westdeutsche Korrespondenten in Mitleidenschaft gezogen wurden; die Dummdreistigkeit, mit der das amtliche Ostberlin die Prügeleien zunächst leugnete; und die Ton- und Geistesart des vorherrschenden Echos auf diese Ostberliner *Pfingstkrawalle* in der Bundesrepublik und Westberlin.

Die Westberliner Radiostationen hatten in den Tagen vorher ihre Hörer in West und Ost auf die Konzerte eingestimmt. Bandaufnahmen der Gruppen, die auf dem Platz vor dem Reichstag musizieren würden, sollten Appetit machen. Der Engländer David Bowie, derzeit einer der gefeiertsten Solisten seines Fachs, entbot im Rundfunk Grüße an seine Bewunderer auf beiden Seiten der Mauer. Zum ersten Konzert, am Sonnabend, kamen etwa dreihundert junge Leute östlich des Brandenburger Tors zusammen. Sie flanierten in der Nähe des knapp hüfthohen Metallgitters, das etwa zweihundert Meter vor dem Tor und der Mauer den Pariser Platz absperrt, von dem die Straße Unter den Linden ihren Anfang nimmt. Volkspolizisten waren kaum mehr als üblich in der Gegend unterwegs. Sie übten sich in Zurückhaltung, forderten niemand auf, sich zu entfernen, und viele von ihnen, jung, wie die meisten sind, sperrten wohl – ebenso wie die anderen Jugendlichen, die sie gegebenenfalls im Zaum halten sollten – die Ohren nach Westen auf, um Bowie zu hören, den Fels in der musikalischen Brandung dieses Abends. Aber von den Feinheiten der Darbietung hörte man hier am Brandenburger Tor diesmal nicht viel. Die östlichen Musikfreunde kamen nicht auf ihre Kosten, weswegen sich die wenigen hundert Halbwüchsigen bald wieder enttäuscht verliefen. Der Wind hatte so gestanden, daß am Pariser Platz, Ecke Unter den Linden »nur wenig mehr denn ein hämmerndes Rauschen« zu hören gewesen war. (Dieses Zitat wie alle folgenden, so nicht anders vermerkt, aus westdeutschen und Westberliner Zeitungen, Rundfunk- und Fernsehsendungen.) Das hämmernde Rauschen mochte den nahen Kranken die Ruhe rauben; den Gesunden, die wegen des musikalisch gegliederten Lärms gekommen waren, konnte es nicht genügen: nach Hause deshalb, zum heimischen Mitschnitt früherer Rundfunksendungen. Unausdenkbar ironisch, falls man an die Ruhebedürftigen denkt, war an diesem Abends eines: Am Schiffbauerdamm in Ostberlin, der näher zur Charité liegt, war das Konzert bedeutend besser, lauter zu hören als am Brandenburger Tor. Nur hier hatte sich denn auch ein kurzes »Gerangel« zwischen der Polizei und Jugendlichen, die von der günstigeren Akustik zum Mitrocken animiert worden waren, abgespielt. Nichts Ernsthaftes, jedenfalls nichts im Vergleich zu westlichen Vorkommnissen bei Rock-Konzerten. Die DDR und ihre Hauptstadt haben auch hierin noch manche freiheitliche Erfahrung nachzuholen. Dieser Satz bleibt richtig auch im Lichte der Geschehnisse der beiden folgenden Tage.

Am nächsten Abend, am Sonntagabend, wehte weit mehr Musik hinüber: »In Westberlin spielten die ›Eurythmics‹, und ihr Rock war diesmal im Osten zu vernehmen, als spielten sie an der nächsten Ecke. Das Ostberliner Publikum ging mit, als sei es unmittelbar dabei.« Nicht nur war die Musik so gut wie ohne akustische Einschränkung zu konsumieren, auch die östlichen Zaungäste waren sehr viel mehr geworden. Es gab sie in zwei Gruppen. Einige Hundert waren wieder bis zu dem niedrigen Metallgitter am Beginn des Pariser Platzes gelangt. Hinter ihrem Rücken trennte sie eine Kette aus Polizisten von rund dreitausend überwiegend jungen Leuten, die von der Stadtmitte her die Straße Unter den Linden füllten und von denen die vordersten etwa in Höhe der sowjetischen Botschaft dem Polizeikordon gegenüberstanden. Die Menge trat zunächst auf der Stelle, sie bildete Wirbel in sich aus Gruppen, die kurz zusammenfanden und dann wieder auseinanderstrebten. Die noch unentschlos-

sene, verharrende Bewegung, die den Tausenden inne-
wohnte, war auf das Brandenburger Tor hin gerichtet,
näher zur Musik.

*

Was hatte bewirkt, daß die Ostberliner Zuhörer sich
von gestern auf heute verzehnfacht hatten? Die westlichen Medien, die ihr Publikum in der DDR regelmäßig
erreichen, Radio und Fernsehen, hatten diesmal nicht
dazu beigetragen. Angekündigt worden waren die
Konzerte schon in der Vorwoche, und das gestrige
harmlose Hin und Her zwischen Musikliebhabern und
Volkswachtmeistern am Schiffbauerdamm war keine
hervorgehobene Meldung wert gewesen. Die gewaltige
Vermehrung der Menschenmenge verdankte sie sich
selber. So rätselhaft wie zuverlässig ist in Gesellschaften wie der im anderen deutschen Staat die Übermitt-
lung von Nachrichten über Besonderes, von der Normalität Abweichendes. Gewiß gibt es eine nicht von
den Medien verbreitete Kommunikation auch in pluralistischen Wohlstandsgesellschaften; am besten funktioniert sie unter Jugendlichen und Minderheiten, die
ihre Interessen auf dem von Erwachsenen und Mehrheiten bestimmten öffentlichen Markt nur unzurei-
chend berücksichtigt finden. Aber die *Zerstreuung* der
Menschen, welcher Begriff auch als ein anderes Wort
für Unterhaltung verwendet werden kann, gilt in pluralistisch verfaßten Staaten als ein Wert an sich. Die
Normierung bleibt weithin verdeckt, sie zu kaschieren
gehört zum beschwichtigenden Selbstverständnis der
Gesellschaft, so daß die werbende Wirtschaft und

andere Interessenvertreter, auch aus der Politik, einigermaßen glaubhaft machen können, jedem werde sein Besonderes zuteil, mindestens der Gruppe, zu der er gehört. Das Besondere, so der vermittelte Eindruck, ist alltäglich. Und wenn es ein materielles Gut ist, wie oft vervielfacht auch immer, so steht nur Geldmangel seinem Erwerb entgegen. Für seine Bezugsquellen ist Mundpropaganda nicht nötig.

Unter den geistigen und materiellen Lebensbedingungen der Deutschen Demokratischen Republik jedoch hat der Umlauf von Meinungen außerhalb der gesteuerten Öffentlichkeit eine viel größere Bedeutung und höhere Qualität als in der Bundesrepublik Deutschland. (Das Eingeständnis der Steuerung aus Überzeugung und Interessenlage, das die regierenden Kommunisten allerdings nur noch halbherzig ablegen mögen, ist ein gewisser Ehrlichkeitsvorsprung der entsprechend langweiligen östlichen Medien.) Aus eigener Beobachtung in der DDR weiß der Chronist, daß die Inhalte solcher nebenamtlicher Nachrichten, die er Zuruf-Nachrichten nennen will, öfter einmal übertrieben und ausgeschmückt sind, aber in der Regel immer einen zutreffenden Kern haben. Sie sind in keiner Weise zu vergleichen mit dem spekulativen Gerede an Stammtischen, das ohne jeden Bezug zur Realität himmeltürmende Wolken erschaffen kann. Seine Kindheit und Jugend geben dem Chronisten rückblickend Aufschluß über die Wurzeln der Zuruf-Nachrichten. Es sind die Notwendigkeiten von Hinweisen zur Milderung von Versorgungsmängeln, vor allem, aber nicht nur materieller Art; und das Bedürfnis, nein: die – boshafte, schadenfrohe, aber auch selbstbewußt machende – Lust an einem Informationssystem, das von mißtrauten amtlichen Quellen unabhängig ist und von Fall zu Fall auch Signale aussendet, wie gegen die von den Umständen oder den Ordnungsmächten vorgegebenen Regeln verstoßen werden kann. Bevor derlei dann unmittelbar politisch wird, ist es ein Ausflug vom Alltäglichen ins Abenteuerliche. Hier die Belege für die beiden Nachrichtenwurzeln aus der Erinnerung des Berichterstatters. Der eine: Er hat damals so wenig gewußt, wie er heute weiß, woher ihm und den gleichaltrigen Kindern seiner Heimatstadt im dritten Kriegsjahr, im Herbst 1942, die Botschaft zuflog, in einem bestimmten Spielwarengeschäft würden an diesem Nachmittag Wiking-Schiffsmodelle verkauft werden. Die Nachricht traf zu. Es gab freilich zuwenig Schiffe für die Kinder, von denen weit über zweihundert gekommen waren, in einer Stadt, immerhin, in der es noch längst nicht so viele Telefone gab wie heute. Der andere Beleg: An einem Apriltag im Jahre 1946, er war der Erinnerung nach kalt, demonstrierten in der Heimatstadt Arbeiter gegen die Hungerrationen von Lebensmitteln. Was zunächst eine geordnete Versammlung sein würde, sollte sich im Anschluß daran unangemeldet – und man wußte das irgendwie – als Protestmarsch durch die Straßen fortsetzen. Als die Stunde dafür schlug, verließen die halbwüchsigen Schüler, zu denen der Chronist gehörte, ihre Schulklasse, der Fassungslosigkeit des Lehrers ungeachtet, um sich dem Zug anzuschließen. Die Demonstration war eine bitterernste Angelegenheit. Aber wieviel von Tom Sawyer und Huckleberry Finn spielte für die Schulflüchtigen mit, als die *Rotkäppchen*, die rotbemützten Militärpolizisten der britischen Besatzungsmacht, mit erhobenen und niedersausenden weißlakkierten Knüppeln hinter den Knaben herjagten, die – nicht so die demonstrierenden Arbeiter – einen leeren Jeep umgestürzt hatten und, jauchzend wie johlend, das Automobil anzuzünden versuchten? Ein paar Schläge auf Schultern und Rücken, im Laufen ausgeteilt und empfangen; einige schnell vorübergehende Festnahmen; wochenlanges Schwadronieren mit teilweise politischem Vokabular. Im nächsten Zeugnis war ein Tadel wegen unerlaubter Entfernung von der Schule eingetragen.

*

Auf ihre Weise also hatte sich die Menschenmenge Unter den Linden, nahe dem Brandenburger Tor, zusammengerufen. Das kurze, folgenlose Geschubse des vorigen Abends am Schiffbauerdamm mag unter ihren Zurufen am Sonntag bis zu einem zusätzlichen Reiz vergrößert worden sein. Aber der Sinn stand der Menge zunächst gar nicht nach derlei, sondern, wie alle Berichte bekunden, nach der aus dem Westen laut und deutlich herüberschallenden Musik. Diese freilich war so geartet, daß sie anders aufs Gemüt schlägt als zum Beispiel ein Divertimento nach Köchelverzeichnis. Kein Grund zum geschmäcklerischen Hochmut. Jede Generation, seit es billig reproduzierbare Musik gibt, hat auch ihren musikalischen Rausch gehabt. Die berauschten Massen sind nur, trotz der dezimierenden Auslese moderner Kriege, mächtiger, tonangebender, jedenfalls größer geworden, was die

34

Ungeniertheit von Anonymen, sich auszuleben, auch bei Konzerten, gesteigert hat. Im Westen, der auch hierin der Vorreiter des Ostens ist, gehen solche rauschhaften Musikmoden automatisch in einen Konsumrausch über, was seinen Profit mit sich bringt. Die Ostberliner Rockfreunde, die manches konsumtiven Zubehörs noch ermangeln, blieben am Abend des Pfingstsonntags in ihrer Mehrheit maßvoll im Reagieren auf die vom Platz vor dem Reichstagsbau ausgehenden Rhythmen. Auch die Volkspolizei demonstrierte anfangs die Gelassenheit einer in sich ruhenden, selbstsicheren Ordnungskraft. Die Zivilfahnder des Staatssicherheitsdienstes, die Unter den Linden in den Hauseingängen lümmelten oder sich den Rücken durch Anlehnen an die Häuserfassaden freihielten – sie gaben sich ohnehin möglichst lange wie Besucher von einem anderen Stern, die eine unglückliche Landung ahnungslos auf diese überfüllte Straße verschlagen hat. Erst später entpuppten sich die Knirpsschirme, die viele von diesen Bediensteten mit sich trugen – das vorherrschende Wetter in jenem Juni machte es erklärlich –, als verkappte, kurze Schlagstöcke.

Pfingsten, das liebliche Fest, schien für eine Weile, eine gute Stunde, seinen Einzug Unter den Linden gehalten zu haben. Zwar kam es musikalisch laut und derb daher, und außer den Lindenbäumen war von Natur wenig zu sehen. Die Uniform der Volkspolizei freilich ist grasgrün; und später am Abend, als die Friedfertigkeit verflogen war, sangen die Jugendlichen höhnisch den Polizisten zu: »Grün, grün, grün sind alle meine Kleider« – was immer noch anders klingt als *Bullen* oder *Faschistenschweine*. Anfangs also, am Sonntagabend, die pfingstliche Stimmung zwar laut und derb, aber doch getragen von dem Gefühl, an etwas Besonderem teilzuhaben. Die Polizeikette, mit der die paar Hundert auf dem Pariser Platz getrennt wurden von den etwa Dreitausend Unter den Linden, war zunächst nur locker geknüpft. Die Polizisten standen noch nicht auf Tuchfühlung miteinander, sie hielten Abstand. Die westlichen Korrespondentenberichte besagen einheitlich, die Volkspolizei habe offenbar jeden Krawall vermeiden sollen, ruhig Blut bewahren und möglichst tatenlos bleiben. Man möchte annehmen, daß solche demonstrative Tatenlosigkeit zur Weisheit von Polizeioberen allüberall gehört, eine klug kalkulierte Passivität ist, die allerdings, wie die Erfahrung lehrt, in jedwedem politischen System von Fall zu Fall verlorengeht. Einiges von dem, was westdeutsche Journalisten in den nächsten Tagen über diese anfängliche Zurückhaltung der Ostberliner Staatsorgane berichteten, war jedoch von einer – je nach stilistischem Vermögen – mehr oder weniger geglückten Süffisanz durchzogen. Sie sollte ausdrücken, die Polizisten hätten sich notgedrungen zunächst zurückgehalten, weil, die Straße Unter den Linden weiter hinauf zur Friedrichstraße, unbeteiligte Passanten bummelten, denen man kein abstoßendes Schauspiel bieten mochte. Diese Beweisführung wirft freilich Fragen auf. Erklärt sich die benutzte Süffisanz damit, daß westdeutsche Polizeikräfte solche Rücksicht, die als Schwäche mißverstanden werden könnte, nicht kennen? Das wollte doch gewiß niemand behaupten. Rechtfertigt sich das Stilmittel leichter Abschätzigkeit in manchen westdeutschen Berichten dann also daraus, daß den Volkspolizisten, wie man schrieb und im Rundfunk wie Fernsehen sagte, die Zurückhaltung *befohlen* worden war? Ist das verächtlich? Oder sollte so im Umkehrschluß festgestellt werden, anderwärts seien entsprechende Weisungen niemals vonnöten?

*

Unbedacht und ohne Vorsatz, so läßt sich vermuten, stiegen in manchen der Berichte Blasen aus dem westdeutschen Gemüt an die Oberfläche empor; wie noch öfter in diesem Juni. Ungezähmt, so schwang es mit, so klang es durch, sind alle Volkspolizisten Berserker. Sie haben nichts in sich von der natürlichen Mildtätigkeit westdeutscher Bereitschaftspolizisten und Sonderkommandos, die des Befehls nicht bedürfte, um stets die Oberhand zu behalten. Das Reizvolle an solcher hintersinnigen Lektüre gewisser bundesrepublikanischer Reportagen und Kommentare liegt in der Entdeckung, daß viele der Verfasser gegebenenfalls durchaus mannhaft gegen polizeiliche Übergriffe an westdeutschen Bauzäunen und vor Raketendepots publizistisch protestieren – aber Vergleichbares zwischen hüben und drüben nicht einmal bis zu dem Punkt, wo es *ganz und gar dasselbe* ist, wahrnehmen. Jedenfalls dann nicht, wenn nicht über Gemütliches aus den Nischen zu berichten ist, sondern über Außergewöhnliches, Dramatisches. Sobald es darum geht, verdorrt bei vielen – unverändert, unverändert – der Sinn für Parallelitäten. (Es gibt Ausnahmen davon.) Dann ist in der Regel nach wie vor *drüben alles ganz und gar anders* als hier, die Zurückhaltung von Polizisten trägt andere Züge. Bei vielen Berichterstattern schwankt der Tonfall, wenn es zu Ereignissen wie an Pfingsten 1987 kommt, ohne Zwischentöne von hochmütig zu scharf. (Und in der Nischenkunde wird meistens der gönnerhafte Ton gehalten.) So der Wortschatz reich genug ist, ziehen Vokabeln ins Feld, die aus anderen Bewußtseinskammern stammen, als die erreichte Qualität der zwischenstaatlichen Beziehungen von Bundesrepublik und DDR praktisch glaubhaft macht. Entstehen so Feindbilder, oder ist solche Berichterstattung schon ihre Folge und werden sie damit nur aufgefrischt? Was hemmt den Gedanken, wodurch wird das sichere Empfinden unterdrückt, daß die Volkspolizisten dort und die Bereitschaftspolizisten hier – lange, lange, bevor die unterschiedliche Erziehung und Gewohnheit aus den beiden politischen Systemen sich geltend machen – *gleichermaßen* hüben wie drüben Menschen sind, von denen die einen, vor einem möglichen Zusammenstoß mit Ungebärdigen, hoffen, alles möge ruhig bleiben, indes andere unter ihnen endlich zur Waffe greifen möchten, dem Knüppel? Dies zu denken, so zu empfinden – ist das die sogenannte weltanschauliche Äquidistanz, oder verweist es Ideologien auf ihren angemessenen Platz?

Was plagen sich die Kommunisten in der DDR, mittels lederner Schulungskurse das verblaßte Bild des Klassenfeindes bei Farbe zu halten (und gibt es ihn denn nicht?), und wie gefällig drapiert kommen viele Feindbilder im Westen daher, wirkungsvoll, weil in ihrem Charakter fast unkenntlich gemacht. Der ungleiche Kampf um die Gemüter. Auf der einen Seite die mühselige Paukerei mit dogmatisierten Begriffen, die in ihrer Erstarrung die alten Wahrheiten in deren veränderter gesellschaftlicher Gestalt nicht mehr treffen, was Zweifel nährt und kurzschlüssige Widerlegungen zu einem Kinderspiel macht. Nicht zu reden von dem strahlenden Gegenbeispiel nebenan, dem anderen deutschen Staat, dessen Schaufenster und Reisebüros beredter sind als alle Zukunftsperspektiven. Die offen erklärte Absicht, die Menschen zu schulen, ihrem Bewußtsein einen bestimmten Inhalt zu vermitteln: Welche Einladung an die Zöglinge, im Weghören die geistige Eigenständigkeit zu suchen, sofern nicht eine ohnehin gleichgerichtete Überzeugung sie für die Schulung aufschließt. Wie überschätzt eine Lehre den Menschen, die ihn der unverdrossen andauernden analytischen und schlußfolgernden Bemühung für fähig hält. Der Bequeme, der geistig Sparsame, der Gleichgültige, der Angepaßte, der unbeschwerte Karrierist – sie können sich immer mit dem Rekapitulieren der gestanzten Floskeln behelfen. Die christlichen Kirchen werden den Kommunisten sagen können, wie flach die Gläubigkeit sein kann, mit der man, ohne zu stocken, das Glaubensbekenntnis aufzusagen weiß.

Die andere Seite dagegen, die ihren ersten Vorteil schon damit gewinnt, daß sie dem Gegenüber dessen eingestandene Erziehungsabsicht ankreiden kann. Wie schmeichelhaft hebt sich davon die Beteuerung ab, hier könne jeder nach seiner Façon selig werden. Daran glaubt man gern, das bedarf keiner Anstrengung; daß manche Façon mehr vom Leben hat als andere, steht auf einem anderen Blatt. Die Indoktrinierung im westlichen Alltag läßt sich als Zerstreuung konsumieren. Wer nimmt schon wahr, wie viele gesellschaftliche

Prägungen, welche dienlichen Bewußtseinsorientierungen in unterhaltenden Familienserien des Fernsehens verfestigt werden? Da verstimmt das entspannte Publikum keine erkennbare Absicht, was ihm andernfalls, so wie drüben, einige Immunität verschaffen würde. Die Hersteller und Betreiber öffentlicher westlicher Kommunikation müssen ihre Absichtslosigkeit nicht einmal vortäuschen. Die gängigen ideellen Werte der pluralistischen Gesellschaft drücken sich in ihrer Ungefaßtheit, ihrer zweckmäßigen Vieldeutigkeit am idealsten aus, so daß sich Emotionen, Instinktives, Neigungen und materielle Interessen in den Wertvorstellungen glücklich durchdringen können: denn diese fruchtbare Mischung muß nicht einmal abstrakt einer kodifizierten Moral und Ethik gerecht werden. Im Gegenteil: In der Mischung liegt die Freiheit, die sich der unternehmerische Geist nehmen kann. Wie gut zahlt sich ein Feindbild aus, wie arglos läßt es sich aneignen, bei völliger Sicherheit der Menschen vor bewußten Schulungsvorsätzen des Produzenten, wenn zum Beispiel ein Film wie »Rambo« die Welt in Gut und Böse teilt. Was soll man sich schon dabei denken, nach welchen Wurzeln soll man forschen, wenn die Zurückhaltung von Volkspolizisten der DDR in der hiesigen Berichterstattung und Kommentierung einer gewissen Abschätzigkeit im Stil und Tonfall unterworfen ist? Das fließt so ein, wer weiß woher. Über alledem soll nicht vergessen werden, daß es brutale Volkspolizisten gibt; Schikanierer, Drangsalierer, Laffen, die ihre Freiräume in der Rechtsordnung der DDR bedenkenlos ausnutzen.

*

Die weitere Entwicklung am Abend des Pfingstsonntags erinnert in ihrem Durcheinander an Zwischenfälle
am Zaun in Wackersdorf in der Oberpfalz, Freistaat
Bayern, beispielsweise. Wer hat was wann, als Aktion
und als Reaktion, getan, die Ordnungshüter und die
Ungeordneten?

Zwei Vorgänge heben sich hervor aus der wachsenden
Unübersichtlichkeit am Pariser Platz und Unter den
Linden, ohne daß der eine mit Sicherheit als der Auslö-
ser des anderen bezeichnet werden könnte.

Zum einen brachen etwa tausend junge Leute aus der
Menge der Dreitausend Unter den Linden durch die
Polizeikette hindurch zu den einigen Hundert auf dem
Pariser Platz. Der Polizeikordon wurde jetzt auf
Schulterschluß verstärkt. Aber: »Nicht einmal der
Durchbruch... konnte die Polizei zu mehr veranlas-
sen, als hie und da drohend nach dem Schlagstock zu
greifen.«

Zum anderen hatten die Volkspolizisten im Laufe des
Abends immer öfter den einen oder anderen Jugendlichen, der ihnen besonders aufgefallen war, wer weiß,
warum, aus der Menge herausgegriffen und abgeführt.
Es scheint so gewesen zu sein, daß diese Maßnahme
erhitzender gewirkt hat als der gelungene Durchbruch,
demgegenüber die Polizei sich immer noch eher gelassen zeigte. Aber, es sei wiederholt, genau läßt es sich
nicht feststellen; was bundesrepublikanische Politiker
und Polizeitaktiker, die sich den Kopf über das Her-
ausfangen von Rädelsführern aus westdeutschen
Demonstrationen zerbrechen, nicht abhalten muß, die
Möglichkeit einer so bewirkten Erhitzung zu erwägen.
Jedenfalls solidarisierte sich die Ostberliner Menge

verbal mit den Abgeführten, die Stimmung war auf die Musik aus Westberlin nicht länger angewiesen.

Swinging Ostberlin. Sprechchöre bildeten sich, Lieder wurden laut, es kam zum Handgemenge zwischen Jugendlichen und Polizisten. Gerufen wurde an diesem Abend vor allem: *Die Mauer muß weg*, gesungen neben dem Lied über die grünen Kleider die *Internationale*, wobei ungewiß blieb, ob das Anstimmen des alten Arbeiterlieds die in ihm besungenen Ziele gegen die Verhältnisse im real existierenden Sozialismus bekräftigen sollte oder als eine Art ironischen Sakrilegs gemeint war. Verstärkte Handgreiflichkeiten, vermehrte Festnahmen. Aus der Menge wurden jetzt, so berichten die westdeutschen journalistischen Beobachter, Flaschen und Bierdosen gegen die Polizisten geschleudert. Für westdeutsche und Westberliner Verhältnisse blieb es dennoch eine schwache Veranstaltung; für die unerfahrenen, ungeübten Ostberliner, Polizisten wie Aufmüpfige, war es gewiß eine Denkwürdigkeit. Mitternacht war kurz vorüber, da rückte die Volkspolizei zunächst im Schritt, dann laufend vom Pariser Platz her die Straße Unter den Linden hinauf und trieb die schon kleiner gewordene Menge auseinander.

Die Polizisten benutzten dabei ihre Schlagstöcke und wurden nun von den Zivilisten des Staatssicherheitsdienstes tatkräftig unterstützt. Sollte die Süffisanz mancher westdeutscher Kommentatoren daher rühren, daß die polizeiliche Zurückhaltung nicht bis zum Schluß durchgehalten wurde – im Gegensatz zu bundesrepublikanischer Polizeipraxis?

In den Spätnachrichten des westlichen Fernsehens und

Rundfunks am Pfingstsonntag wurden die Ostberliner Vorgänge gemeldet.

Am nächsten Abend, Pfingstmontag, war vor dem Reichstagsgebäude die Kapelle »Genesis« zum Aufspielen an der Reihe, Paul Young war der Solist. Es ist fraglich, ob die Ostberliner, die sich wieder Unter den Linden einfanden, an diesem Abend vor allem die Musik aus Westberlin hören wollten. Aus einer westlichen Agenturmeldung: »Am Montagabend fiel Beobachtern auf, daß im Gegensatz zu den vorhergegangenen Nächten wesentlich mehr Erwachsene in die Nähe des Brandenburger Tors gekommen waren.« Etwa zweitausend Menschen hatten sich angesammelt. Viele von ihnen, so kann wohl unterstellt werden, erwarteten sich etwas anderes als ein Konzert von gegenüber. Die Älteren waren vermutlich weniger als Zuhörer, eher als gespannte Zuschauer gekommen. Darin läßt sich einer der vielen realen Unterschiede zwischen hüben und drüben erkennen: Die Entwicklung westdeutscher Demonstrationen in den letzten Jahren hält Neugierige eher fern. Solche Vorsicht liegt für die Bürger der DDR als Möglichkeit noch im Schoß der Zukunft. An diesem Pfingstmontag kam, wer sich am Rande der Menge zum Schauen eingestellt hatte, auf seine Kosten. Allerdings, wer zu Hause geblieben war und später die Bilder im westdeutschen Fernsehen sah, gewann einen stärkeren Eindruck vom Geschehen. Das Gefühl, dabeigewesen zu sein, war im Sessel noch umfassender, dramatischer, als es vor Ort mit beschränktem Überblick sich bilden konnte. Dieses Sessel-Gefühl – ist es nicht der allgemeine Realitätssinn inzwischen? Der Siegeszug des indirekten Erlebens samt dessen bereitwilligem Umsetzen in das Empfinden geschauter Wahrheit ist unaufhaltsam.

Das Brandenburger Tor ist, wie immer, von Scheinwerfern angestrahlt. Im kühlen Wind des Abends flattert auf ihm die schwarz-rot-goldene Fahne mit Hammer und Zirkel und zwei Kornähren im unteren Halbrund des Emblems. Der deutsche Arbeiter- und Bauernstaat und seine werktätige Intelligenz. Die polizeiliche Absperrung des Tors und der Mauer ist an diesem dritten Abend des »Concert for Berlin« vorverlegt worden zu den Linden hin. Es brodelt in der Menge von Anfang an. Die Jugendlichen erzählen einander von Ausweiskontrollen in den S-Bahn-Zügen, die in Richtung Stadtmitte fahren. Die Volkspolizei hat Mannschaftswagen bereitgestellt. Man verliert Unter den Linden keine Zeit damit, auszuprobieren, wieviel man von der Musik im Westen mithören kann. Es wäre wenig gewesen, nur ein hämmerndes Rauschen wie am Sonnabend, der Wind steht ungünstig. Wieder werden Sprechchöre laut. Außer *Die Mauer muß weg* wird heute oft auch der Name des sowjetischen Parteiführers *Gorbatschow* skandiert, der am Vorabend nur ein paarmal gerufen worden war. Am Pfingstmontag gelingt es den jungen Leuten, den Namen zu einer Parole zu machen: *Gorbatschow muß her.* Gesungen wird, wie gestern, die *Internationale.* Flaschen fliegen durch die Luft. Einige der Versammelten haben Feuerwerkskörper mitgebracht, die sie jetzt in die Höhe steigen lassen. Auch Wunderkerzen werden angezündet und versprühen, auf die Polizisten hingeworfen, ihre kleinen, grellweißen Sterne. Die Volkspolizei zaudert nicht. Mit rücksichtsloser Gewalt holen die Uniformierten und ihre zivilen Helfershelfer immer mehr einzelne aus der Menge heraus. Dabei wird geschlagen, gezerrt, gestoßen und getreten. Die bedrängten Jugendlichen rufen: *Bullen raus* und stimmen den Schlager an: *Kreuzberger Nächte sind lang.* Mit dieser Anspielung auf den bekannten Westberliner Stadtbezirk überschätzen die Ostberliner Halbwüchsigen jedoch ihr Erlebnis mit der Polizei. Sogar heute abend können weder sie selber noch die Polizisten den Kreuzberger Leistungen das Wasser reichen. Es ist ein Vergleich wie zwischen einer gehobenen Provinzbühne und der Staatsoper. Drüben vor dem Reichstagsbau beendet die englische Kapelle ihr Konzert mit Grüßen an ihre Liebhaber in Ostberlin.

Die Volkspolizisten Unter den Linden überrennen Gruppen von Jugendlichen, um weitere einzelne festnehmen zu können. Dabei geraten auch einige westdeutsche Journalisten unter die Polizeiknüppel. Ein Kameramann wird mit abgeschleppt, in ein Polizeifahrzeug gestoßen und erst nach Ausweiskontrolle auf dem Hof des Ministeriums für Außenhandel Unter den Linden, wohin die Festgenommenen zunächst transportiert werden, entlassen. Während des Abtransports kommt es von seiten der Polizei zu weiteren Tätlichkeiten, berichten später Betroffene. Etwa achtzig Personen, nach westlichen Quellen, werden im Laufe des Abends festgenommen, Ostberliner Punker, Skinheads und auch gutbürgerliche junge Leute. Am nächsten Tag werden sie mit der Ermahnung freigelassen, künftig nicht mehr im Grenzgebiet die Sicherheit und Ordnung zu stören; im Wiederholungsfall müßten sie mit einer Ordnungsstrafe rechnen.

Untergräbt man den Drang Ostberliner Jugendlicher nach Selbständigkeit, nach Selbstbestimmung, oder vergreift man sich nur an hochgestimmten bundesrepublikanischen Kommentaren über die *Pfingstkrawalle,* wenn man – die Mentalität junger Leute bedenkend, die nicht viele Auswege aus ihrer Ordnung haben – vermutet, daß dieser Montagabend Unter den Linden *auch* ein Gaudium zu räsonablem Preis gewesen ist? Davon kann man im Freundeskreis lange zehren.

Erst am folgenden Abend enthüllte sich in den deutschen Wohnzimmern die ganze Dramatik des Geschehens. Das westdeutsche Fernsehen hatte seine Filmaufnahmen von Montagnacht entwickelt und kommentierte die Bilder noch unter dem vollen Eindruck dessen, was den Reportern widerfahren war: »Gegen unser Team trat der Stasi regelrecht zum Sturmangriff an.« Ach, die Deutschen und ihre Sturmangriffe. Das Publikum, von Demonstrationsfilmerei eher übersättigt, hat wohl, so darf vermutet werden, das Bierglas abgesetzt und sich im Sessel aufgerichtet, als es die verwackelten Bilder aus Ostberlin sah. Das war doch etwas anderes als ewig die Aufnahmen von Wackersdorf, aus der Wilstermarsch, Kreuzberg und von der Frankfurter Startbahn; hier, Unter den Linden, war *action* hautnah. Dieser starke Eindruck entsteht beim Fernsehen immer dann, wenn der Kameramann keinen festen Stand hat und die Kamera auf seiner Schulter mit ihm hin- und herschwankt. Je verwischter, wackelnder und in der Helligkeit wechselnder, desto dramatischer die so vermittelte Realität. Das Fernsehpublikum kennt solche Aufnahmen von Kriegsschauplätzen, aus

Vietnam war derlei oft zu sehen. Zum vergönnten Glück für die Reporter, Kameramänner und Tontechniker aber sind es in der Regel harmlosere Anlässe, die zu verwackelten Bildern führen. Das Gedränge bei Hochzeiten von populären Filmschauspielern oder deren Beerdigung – beide Vorgänge sind nicht so von Militär, Polizei und der Ehrerbietung der Medienvertreter geschützt wie dieselben Ereignisse bei regierenden Fürstlichkeiten etwa –, das Gedränge also bei solchen Gelegenheiten kann schon einmal einen Kameramann samt Kamera zum Schwanken bringen. Oder der Ansturm auf eine Kindsmörderin, auf dem kurzen Weg aus dem Gefängniswagen zum Gerichtsportal.

Bei Berichten über Massendemonstrationen in der Bundesrepublik und Berlin (West), die gewalttätig werden können, sind in den jüngst vergangenen Jahren solche dramatischen Fernseheffekte seltener geworden. Das liegt an der Erfahrung sowohl der Polizei als auch der Fernsehleute. Die Aufnahmeteams werden in der Regel, die die Polizei entwickelt hat, in einiger Entfernung von dem Ort gehalten, wo es hautnah zugeht. So ist es den Polizeimaßnahmen dienlich. Es gibt Ausnahmen davon, aber wer öfter schon über Tränengas, Stahlkugeln, Wasserwerfer, Pflastersteine, Schlagstöcke zu berichten hatte, gewinnt einen vernünftigen Geschmack an den ruhigen, wenig verwackelten Bildern aus einiger Distanz. Auch hierin mag es künftig eine Angleichung zwischen Verhaltensweisen diesseits und jenseits der Berliner Mauer geben, wenn es drüben, was sich durchaus denken läßt, öfter zu Gesellenstücken von Kreuzberger Nächten kommen sollte. Aber an diesem Pfingstmontag Unter den Linden war

Bolle, gar nicht feige, mittenmang dabei. Da wackelte das Bild. Alle dort Beteiligten müssen ihre Erfahrungen noch sammeln. Ob zum besonderen Reiz des Fernsehfilms über den Montagabend, 8. Juni, auch beigetragen hat, daß seine Szenen für den Zuschauer im Sessel auf eine gewisse Art nostalgisch wirkten? Man kennt von ungezählten Aufnahmen die Marsmenschen, in die sich westliche Polizisten verwandeln, wenn auf den Straßen und Plätzen der hiesigen Welt Gewalt tätig wird: Kampfanzüge, Helme mit geschlossenem Visier, halbmannshohe Schutzschilde – eine Armierung, die ihre Gründe hat. Die Ostberliner Volkspolizisten dagegen, sie wurden handgreiflich in ihren Alltagsuniformen – *grün, grün, grün sind alle meine Kleider* –, mit Tellermützen auf dem Kopf und ohne Schilderwehr. Es sah nach altmodischer Polizeigewalt aus, die freilich auch einiges zu leisten vermag. Sollte eine fortschrittliche Ausstattung in Zukunft benötigt werden, so mag im innerdeutschen Handel manches Geschäft für westdeutsche Lieferfirmen von Polizeibedarf möglich werden. Auch der sogenannte NATO-Draht, ein leicht zu verlegender, strapazierbarer Stacheldraht aus Kunststoff, ist in die DDR geliefert worden. Was die Volkspolizei bei künftigen westlichen Konzerten vor dem Reichstagsgebäude vielleicht gebrauchen kann, fällt nicht unter das Embargo für hochtechnologische Produkte. Und über den Genex-Geschenkdienst eine großzügige Menge Ohropax für die Patienten der Charité.

*

Die Pfingstkrawalle – für die jungen Leute auch ein Gaudium zu räsonablem Preis? Das war für das mächtig einsetzende Echo in der Bundesrepublik und Berlin (West) zu natürlich gedacht. Eine Kommentierung, die diesen Faktor auch nur miterwogen und am Rande erwähnt hätte, wäre ja ein Hinweis auf ganz natürliche, kreatürliche Gemeinsamkeiten in der Mentalität von Heranwachsenden, unabhängig von politischen Systemen, gewesen. Es gab einige wenige Äußerungen in der westdeutschen Öffentlichkeit, daß junge Leute überall auf der Welt wissen, was sie bei Gelegenheit jeweils zu rufen haben, um das Establishment und seine Polizei zu ärgern, ohne daß dem schon ein entwickelter politischer Wille zugrunde liegt. In solchen von der Mehrheit abweichenden, zaghaften Bemerkungen, die von der tonangebenden öffentlichen Meinung überdröhnt wurden, war auch gesagt worden, daß es sehr wohl beachtliche, für das Regime zum Teil bedenkliche politische Veränderungen in der DDR in den letzten Jahren gegeben habe, die freilich vielschichtiger seien als das, was am Pfingstmontag Unter den Linden zutage gekommen sei. Auf solche abwägende Bemühung um die Realitäten beim deutschen Nachbarn aber mochten sich die vorherrschenden Stimmungsmacher nicht einlassen.

Dies war die Stunde für Trompetensignale, die metaphorische Morgenluft wurde gewittert, die Raben flatterten aufgescheucht um den Kyffhäuser. Und wenn man das erweckte Volksempfinden als den vornehmsten Maßstab gelebter Demokratie nimmt – die Repräsentanten des Volks schrecken sonst vor solcher Unmittelbarkeit eher zurück und halten den Souverän lieber ruhig –, dann gelang den publizistischen Vorsängern und ihrem respondierenden Chor aus Anlaß der Pfingstkrawalle ein demokratischer Einklang, an dem alle tastenden, fragenden, zögernden Zwischentöne zuschanden wurden. Leserbriefe in Zeitungen; Telefonanrufe bei Rundfunkanstalten nach abweichlerischen Kommentaren; Post, die defätistische Journalisten auf entsprechende öffentliche Bemerkungen erhielten; Interviews führender bundesrepublikanischer Politiker: in allem atmete ein paar Tage lang ein befreiter Geist. Der Fesseln ledig, die eine pragmatische, realitätsbezogene, um Milderung der Teilungsfolgen bemühte Politik, die die friedensstiftende Vernunft schlechthin um ihn, um die wahre Seligkeit einer westdeutschen Mehrheit, die alle Parteischranken sprengt, gelegt hat. Die Bundesrepublik Deutschland und Berlin (West) durchzog ein emotionales, ehrliches Aufbegehren gegen die Genügsamkeit vernünftigen Denkens, gegen die Last von Kompromissen. Was Bonner Regierungspolitiker, die werktags verständigungsbereit mit der DDR umgehen, sonntags ihren Wählern nur als einen historischen Wechsel in unbestimmter Zukunft verheißen – das schien dem herrschenden Gefühl greifbar nahe. Das Ende der feindlichen, beängstigenden Ordnungslehre, des Kommunismus; der Zusammenbruch des andersartigen deutschen Staates, der DDR; der Anschluß der Brüder und Schwestern an die bundesrepublikanische Mutter, die Bonner Väter: warte nur, balde. Alles abgeleitet, dem Gefühl als Realität offenkundig aus einem Zusammenstoß zwischen Polizei und Rockern Unter den Linden, der bei aller Gewalt Vergleichen mit westlichen Kra-

wallen nicht gewachsen war. Der 17. Juni 1953, der
Tag der Arbeiterunruhen – und nun war es auch noch
derselbe Monat –, stand wieder vor der Tür. Aus
einem Leitartikel in jenen Juni-Tagen (1987): »... daß
dieser Tag nicht mehr fern ist.« Aus einem anderen:
»Die Erregung im kommunistisch beherrschten
Europa steigt, und noch niemand weiß, bis zu welcher
Marke.« Richtig. Aber erfährt die westliche Welt nicht
auch schon seit geraumem gesellschaftliche Veränderungen, stimmt ihr geistiges Gleichgewicht noch, hat
sie keine Schwierigkeiten mit unangepaßten Minderheiten? Kann sie Probleme weiterhin für alle Zeit,
Börse rauf, Börse runter, als eine Kostenfrage ansehen,
die man sich leisten kann? Keine schiefen Vergleiche;
nur ein Fingerzeig auf Balken auch im eigenen Auge.
Bald danach ist Erich Honecker auf Besuch zu den
hiesigen Deutschen gekommen; der deutsch-deutsche
Alltag kehrte zurück und zeigte sich wieder verhältnis-
mäßig normal, wenn auch störanfällig. Über die DDR
wird aus Anlaß eines anderen Ereignisses im Juni in
dieser Chronik noch zu berichten sein. Die westdeutsche Erregung nach den Pfingstkrawallen ist seinerzeit
rasch verebbt. Vermutlich trägt heutzutage wenig
sonst, kein Generalbundesanwalt, keine Rakete und
kein Gebet, so viel zum inneren und äußeren Frieden
bei wie die unterhaltsame Zerstreuung auch in der
Politik, die die moderne Zeit den Menschen in den
wohlhabenden pluralistischen Gesellschaften beschert.
Kaum ergreift ein öffentlicher Vorgang das Publikum
und will zu Schlußfolgerungen verleiten, da läuft nächste Woche auch schon eine andere Sau durchs Dorf:
eine neue Aufregung, die sich der allgemeinen Gefühle

bemächtigt. So wird man glücklich abgelenkt, bevor es zu politischen Konsequenzen kommt, die wer weiß wohin führen könnten. Von der *Gnade des schnellen Vergessens* profitieren ganze Parteien mit mißratenen Ministerpräsidenten ebenso wie im einzelnen ruhmrednerische Staatsmänner, gewerkschaftseigene Unternehmer, fallierende Bankiers und großmäulige Publikationsorgane im Frieden und Generäle nach dem Krieg.

Auch der westdeutsche Gefühlsaufruhr über die Pfingstkrawalle ist so binnen Tagen überlagert worden, ist abgesunken zum verschwiegenen Erinnerungsschatz des gesunden Volksempfindens. Die meisten derer, die damals die emotionale Riesenwelle mitmachten, erweisen sich ohnehin, wenn die Demoskopen sie befragen, gewöhnlich als Menschen, die auf Ausgleich sinnen, die Kirche im Dorf lassen wollen und aufrichtig friedwillig sind. Die Demoskopie produziert besonnene Bundesrepublikaner. Auf sie gestützt können die vernünftigen Politiker, deren nun bald zwanzig Jahre alte Deutschlandpolitik im Handumdrehen, für ein paar Tage, von ganz und gar widerläufigen Gefühlsbedürfnissen überschwemmt wurde, nach solchen Dammbrüchen ohne weiteres wieder zur Tagesordnung übergehen. Was sollten sie auch sonst tun? Die *festgehaltene* Einsicht, wie wenig es bedurfte, um im Land die emotionale Gewißheit einer baldigen siegreichen Veränderung der deutschen Fakten zu erwekken, könnte die vernünftige Politik nur lähmen. Da liegt der Beweis nahe, daß die Vernunft notfalls verlangt, die Augen zu verschließen. Wie hätte man denn auch erwarten sollen, daß von der tonangebenden

westdeutschen Kommentierung der Konzertfolgen
Unter den Linden die von politischen Systemen im
Kern unabhängige Lust Heranwachsender, aufmüpfig
gegen Obrigkeiten zu sein, hervorgehoben werden
würde? Hätte man das, was an diesem Pfingsten in
Ostberlin geschah, vom Politischen weg auch im allgemein Menschlichen gedeutet, dann hätte man auch
gleich die Nachtruhe der Kranken in der Charité
berücksichtigen können.
Merkwürdig ist schon, daß, wenn in der Bundesrepublik nachdrücklich das Einssein mit den Deutschen
drüben bekundet werden soll, das unbezweifelbar
Gemeinsame – die gleichgerichtete Lust junger Leute
etwa – stets zurücktritt hinter der Betonung der tren-
nenden Unterschiede. Über alle Schwierigkeiten hinweg, nationale Identität zu bestimmen, ist dies jedenfalls eine Definition, die politisch zweckmäßig ist: Das
Gemeinsame ist in unserem Besitz, an dem Ihr eines
Tages teilhaben, zu dem Ihr aber aus eigener Existenz,
Eurem Leben seit nun bald vierzig Jahren nichts beitra-
gen könnt. Die Hallstein-Doktrin in ihrer schönsten,
unwandelbaren Gestalt: nicht als staatsrechtliche
Maxime, sondern auf das deutsche Wesen bezogen. Sie
wird ermöglicht durch die andauernde mehrheitliche
Unkenntnis im hiesigen deutschen Staat von den realen
Verhältnissen im anderen. Oder ist es zutreffender zu
schreiben, was an bundesrepublikanischen Kenntnis-
sen über die DDR in den letzten Jahren auch entstanden sein mag – es verweht, sobald die Trompeten
erschallen?
Einige westdeutsche Korrespondenten erwähnten am
Rande ihrer Berichte über die Pfingstkrawalle, daß

zehn Jahre vorher, im Jahre 1977, weit brutalere Auseinandersetzungen zwischen Polizei und Jugendlichen auf dem Alexanderplatz in Ostberlin, nach einem Konzert im Palast der Republik, stattgefunden hatten. Damals sollen, soweit der Westen es weiß, drei oder vier Menschen zu Tode gekommen sein; darunter ein oder zwei Volkspolizisten, die einem Sanitätsfahrzeug den Weg durch die Menge zu Verletzten bahnen wollten. Aber die allgemeine Stimmung in der Bundesrepublik ging über derlei Nebensätze hinweg und fand wohlig zusammen in dem Schauder, daß drüben die Menschen vom Bürgersteig auf die Fahrbahn treten müssen, sobald ihnen ein Volkspolizist begegnet. Diese Pointierung eines nach wie vor unter den Westdeutschen verbreiteten Gruselgefühls auch über den Alltag in Ostberlin, Sachsen und Mecklenburg – sie hält in der Übertreibung nicht Schritt mit den politischen Deutungen des Pfingstmontag Unter den Linden. Was sich drüben in den letzten Jahren verändert hat, auch zwischen Obrigkeit und Staatsvolk der DDR – vielen Männern und Frauen längst nicht weitreichend genug, nicht kodifiziert, nicht einklagbar, keineswegs immer durch bewußtes Handeln des Regimes, manches schier Unerträgliche kaum mindernd, aber eben doch verändert hat –, blieb dem Blick über die Mauer vom Westen her weithin verborgen. So konnte der Krawall in Ostberlin in der Gefühlswelt der westdeutschen Öffentlichkeit den Charakter eines durch und durch politischen Aufstands annehmen, zu dem es an Vorabenden staatlicher Zusammenbrüche kommt. Nach dem Preis wurde nicht gefragt. Geträumt wird anfangs kostenlos.

Und wenn eine solche, seinerzeit im Juni über Nacht aufwallende Stimmung der Bundesbürger sich einmal festhakt, nicht von anderen Aufregungen zerstreut wird – an wen sollen die Vernünftigen unter den Politikern sich halten, wohin kann die Vernunft sich wenden? Gewiß, die Alliierten werden Riegel vorzuschieben wissen. Aber kommt Zeit, kommt Rat. Auch inmitten der Verbündeten gibt es, beim einen mehr, beim anderen weniger – das hat auch seine Saisons –, hochgestimmte Geister. Für was sonst soll die Zeit arbeiten, wenn nicht für die historische Erfüllung so gläubiger Erwartungen, wie sie im Juni laut wurden? Das hat sie noch immer getan; und historisch heißt, man weiß es, daß kaum ein Preis zu hoch ist. Fröstelt es die vernünftigen Politiker gelegentlich, bevor sie an ihr Tagwerk gehen? Was, außer einiger Zeit, benötigt wird, ist vorhanden: Alle guten Begriffe wie Freiheit und alles darum herum befinden sich in unserem Arsenal. Zeitungen sind im Bunde. Die historische Schuldlosigkeit der Deutschen wird gerade unerschrocken bewiesen: Die Abwehr des Asiatischen hatte ihre bitteren Notwendigkeiten mit sich gebracht, das Asiatische hatte auch, vorübergehend, auf einige wenige Deutsche abgefärbt. Die Ostberliner Mauer, im Grunde auch ein asiatisches Bauwerk, durchlässiger zu machen, was der Vernunft durchaus gelungen ist, sie auf ein normales Grenzregime zu reduzieren, wozu die Vernunft, wenn vieles gutgeht, vielleicht noch fähig wäre – was verschlägt das gegen den Ruf: »Die Mauer muß weg.« In ihm steckt eine Überzeugungskraft, vor der jede Sachlichkeit bleichsüchtig wird; die unaufhebbare sachliche Bemerkung etwa, daß die Mauer, verändert wie auch immer, als Grenze bestehen bleiben wird, solange entweder die Deutsche Demokratische Republik oder Berlin (West) existieren. Nun denn, weg damit.

Ein flüchtiger Gedanke schweift ab zu dem obersten Volkspolizisten, der an Pfingsten verantwortlich war für das Verhindern eines Durchbruchs der Menge von den Linden über den ganzen Pariser Platz bis direkt an das Brandenburger Tor und die Mauer. Gesetzt den Fall, die jungen Leute hätten das immer noch schauerliche Monstrum zu Hunderten überklettert – unter den Schüssen der Volkspolizei oder ohne sie. Die Westalliierten hätten alle Hände voll zu tun gehabt, den Vorgang zu diplomatisieren, protestierend einzudämmen. Oder was sonst hätten sie tun sollen? So oder so hätte das Pfingstfest langanhaltende Folgen gehabt; für die Deutschen drüben die härtesten. Oder wäre die DDR, immerhin mit einer Weltmacht verbündet, mit nichts als einem Winseln abgetreten? Als Folge von drei Rock-Konzerten vor dem Reichstagsgebäude? Ob der kommandierende Polizist Unter den Linden im Drange seiner Geschäfte – Zurückhaltung zunächst, dann aber doch Knüppel frei und Sturmangriff auf das westdeutsche Fernsehteam – die Zeit gefunden haben mag, sich zu ängstigen? Zu hadern, warum ausgerechnet er und kein anderer Genosse heute Dienst hat, verantwortlich ist? Aber er ist ein Volkspolizist. Was wird ihm schon in den Kopf kommen.

Das erste Ereignis im lehrreichen Juni hat noch eine andere deutsche Befindlichkeit zutage gebracht. Sie darf nicht unbeachtet bleiben, auch sie trägt zum Los der Deutschen bei: die Dummheit, mit der die Öffentlichkeitsarbeiter der SED zunächst einmal die Prügelei Unter den Linden leugneten. Und dabei hatten doch auch sie wohl alle den Film im westdeutschen Fernsehen gesehen.

11./12. Juni

In der Nacht vom 11. zum 12. Juni, der Nacht von
Donnerstag auf Freitag in der Woche nach Pfingsten,
wurden 77 Personen, überwiegend junge Leute, festgenommen. Der Fischzug, dessen Fang sie geworden
waren, hatte sich über viele Stunden hingezogen, in
denen die Polizei den Demonstranten nachgesetzt war,
geprügelt hatte, Menschen zu Boden geworfen; dann
wieder vor den Feinden hatte zurückweichen müssen,
sich verteidigen gegen Pflastersteine und Stahlkugeln
mit Tränengasgranaten und Wasserwerfern; Barrika-
den aus umgestürzten Bauwagen mit starken Frontla-
dern beiseite geräumt hatte, um weiter vorstoßen zu
können ins feindliche Gebiet. Bei den wechselhaften
Gefechten waren Schaufenster zertrümmert, Automo-
bile verbeult und umgekippt, Müllcontainer in Flam-
men gesetzt worden. Die Ordnungskräfte hatten die
Treppenaufgänge mancher Häuser gestürmt, bis in den
obersten Stock, teils um Flüchtige zu verfolgen, teils
um ihrerseits zu demonstrieren: die Eroberer sind da.
Wiederum waren berufliche Beobachter gering geachtet worden. Obwohl er mehrfach »Presse, ich bin von
der Presse« gerufen hatte, war ein Reporter von Polizisten niedergeschlagen worden; einen Fotografen hatten
sie traktiert, bis ihm die Zähne wackelten; einem Mann

vom Rundfunk war das Tonbandgerät von polizeilichen Kampfstiefeln zertreten worden. Aus einer bürgerlichen westdeutschen Zeitung zitiert: »Journalisten und Notärzte berichten übereinstimmend, daß völlig unbeteiligte Personen von Polizisten regelrecht verprügelt worden seien, auch wenn sie am Boden lagen; viele der Verletzten hatten Platzwunden oder Prellungen am ganzen Körper. Zu dieser Zeit gab es weder Ausschreitungen noch Zusammenrottungen.«

Als die blutigen Straßenkämpfe im Morgengrauen des 12. Juni allmählich einschliefen, wurde ihr Wiederaufflackern für den Nachmittag erwartet. Aber bis dahin blieb Zeit, die Truppe zu mustern: 67 verletzte Polizisten wurden gezählt, zehn weniger als es Festnahmen gegeben hatte. Wie viele Verwundete der Feind davongetragen hatte, wurde nicht bekannt. Die Polizei, der für ihren Kampfesmut öffentlich gedankt wurde, gab sich selbstbewußt und zufrieden. Die Bereitschaft der Polizisten, vorwärts zu stürmen und den Schlagabtausch zu suchen, mußte als außergewöhnlich bezeichnet werden. Offenkundig war jeder von ihnen aufs höchste motiviert. Es wird berichtet, daß die Krankmeldungen vor Dienstantritt in dieser Woche um die Hälfte geringer waren als bei gleichartigen Gewalttätigkeiten auf den Straßen und Plätzen der Stadt in den vorangegangenen Jahren. Auch in den folgenden Tagen war die polizeiliche Pflichterfüllung, Mann für Mann, aller Ehren wert. Bis zum Sonntag, 14. Juni, erhöhte sich die Zahl der vorübergehend festgenommenen feindlichen Demonstranten auf rund 360. Mochte die öffentliche Ordnung auch für ein paar halbe Stunden als bedroht erscheinen – gefährdet war sie dank dieses Diensteifers nie. Ihr Triumph, der in den polizeilichen Maßnahmen dieser Juni-Tage so vielfältigen Ausdruck fand, darf angesichts solcher Polizei geradezu als selbstverständlich gelten, auch wenn manche Schreckensbilder während der Kampfhandlungen das Chaos beschworen. Eine Frage der Nerven. Die Zivilisten in der Stadt brauchten tatsächlich um ihren friedlichen Schlaf niemals besorgt zu sein.

Das Heerlager von Uniformierten, das schon seit Anfang der Woche nach Pfingsten aus Mannschaftswagen dicht bei dicht auf Plätzen und an den Bordsteinen breiter Straßen aufgeschlagen worden war, kündete von der Stärke, die in hilfswilligen Verbündeten liegt: Von weit her waren über tausend Polizisten herangeschafft worden, um der örtlichen Polizei zur Seite zu stehen. Das Netz aus Sicherheit und Ordnung war vorsorglich so gespannt worden, daß alle potentiellen Konfliktherde, an denen das Chaos auflodern mochte, darin einbezogen waren. Solche Vorsorge übertraf jedoch, wie die kritischen Tage dann zeigten, die Schlagkraft des Feindes. Obwohl auch er Zuzug von außen erhalten hatte, konnte er nicht überall, wo erwartet, seine Gewalt hintragen. So blieb dieses deutsche Juni-Ereignis für manche der auswärtigen Polizisten am Ende doch enttäuschend. Sie hatten Wache gestanden, Posten geschoben an möglicherweise bedrohten Straßenkreuzungen, an denen es aber zu Kampfhandlungen nicht kam, als wenige tausend Meter entfernt in der Stadt vom 11. zum 12. Juni die Schlacht ihren ersten Höhepunkt erreichte. Es wird sie trösten, daß alle Schlachten seit Anbeginn erfolgreich nur geschlagen werden konnten im Vertrauen auf zuverlässige Reserven hinter der eigentlichen Front. Und aus der kriegerischen Stadt nach Hause zurückgekehrt, werden sie beim Erzählen ganz ohne Arg ihren Erlebnissen hinzugefügt haben, was die Realität ihnen vorenthalten hat. Nach einiger Zeit hat so gut wie jeder, der heimkehrt, unmittelbar im Feuer gestanden.

Der Ort des Geschehens war diesmal, wenige Tage nach den benachbarten Pfingstkrawallen, Berlin (West).

Was die dort zusammengezogenen Polizeikräfte über das bis dahin normale Maß hinaus zum Kampf beflügelte, rechtfertigte gewiß den äußersten Einsatz: Nancy und Ronald Reagan kamen am 12. Juni in den westlichen Teil der ehemaligen Reichshauptstadt, in das Besatzungsgebiet der US-Amerikaner, Briten und Franzosen, um Berlin zum 750. Geburtstag zu gratulieren. Mußte ihre vierstündige Stippvisite nicht frei von Störungen sein? Demonstrationen des Mißtrauens waren gegen das Paar angekündigt worden: Ausdruck des Zweifels am ehrlichen Friedenswillen Reagans, dessen Abrüstungsverhandlungen mit den Sowjets im Bewußtsein einer engagierten Minderheit überschattet blieben von der so oft bekannten Überzeugung des amerikanischen Präsidenten, dem *Reich des Bösen*, der Sowjetunion, müsse ein Ende bereitet werden.

Nun wird seit Jahren zuviel demonstriert in der Bundesrepublik und in Westberlin, einer Art Insel, deren Überdauern in dem sie umgebenden roten Meer eher doch eine tägliche Dankadresse an die westalliierten Deichgrafen als ein aufmüpfig vorgetragenes politisches Abweichlertum nahelegen sollte. Kann sich denn Demokratie nur in Widerspruch erweisen? Ist nicht ein

61

allumfassender Einklang der Gemüter am demokra-
tischsten? Wie schön sind Besuche der britischen
Königin verlaufen. Für andauernde Unordnung jedenfalls hat sich die große, große Mehrheit der Westdeutschen und Westberliner nicht entschieden, als sie nach
dem *Zusammenbruch* der Ordnung im Jahre 1945 die
Demokratie annahm. Mindestens muß man unterscheiden zwischen Demonstrationen von berufsspezi-
fischer Natur, deren materielle Absicht verständlich
ist: Transportunternehmer, die mit ihren Lastwagen
Alpenpässe blockieren; Bauern, die ihre Traktoren auf
Marktplätzen aneinanderreihen; eventuell auch Berg-
leute und Stahlarbeiter, sofern sie auf ihren Protestver-
sammlungen die Vertreter der Unternehmensleitung
und des Aufsichtsrats, die ihnen den Ernst ihrer Lage
erklären wollen, demokratisch ausreden lassen – unterscheiden also muß man zwischen solchen Kundgebun-
gen von im Grunde doch ordentlichen Leuten und den
andersartigen, politisch abschweifenden Demonstrationen, mit denen sich Unberufene in Dinge einmischen, die andere besser verstehen. Oder auf denen
Ungewaschene Deutschlands Bild in der Welt trüben.
Was sollten die Menschen in den USA wohl halten von
den undankbaren Berlinern, wenn dem Präsidentenpaar Krawallszenen zugemutet werden würden wie in
einer mittelamerikanischen Bananenrepublik? Die
Deutschen sind ein Kulturvolk. Es weiß, was sich vor
Gästen ziemt, die noch dazu einen Teil der Stadt
regieren. Ist Demokratie nicht auch, und keineswegs
zuletzt, der Respekt vor der Mehrheit, auch vor deren
Gefühlen? Sind politische Taktlosigkeiten von Abweichlern nicht undemokratisch? Stellt die real existie-

rende Demokratie sich nicht am zuverlässigsten ein, wenn Mehrheiten, möglichst groß und über Parteischranken hinweg, die Regeln des gesellschaftlichen Zusammenlebens ohne falsche Rücksicht nach ihren Maßstäben festlegen – faktisch wenigstens? So doch am ehesten ist für die meisten der sonst schwer erträgliche dialektische Widerspruch zwischen Freiheit und Ordnung zur Ruhe zu bringen. Minderheiten regieren im Ostblock; die Mehrheit kommt dort nicht zu Wort. Einmal beiseite gelassen, wer wirklich im Westen regiert; man weiß, wie es in der Politik zugeht; Geld regiert die Welt: Aber dennoch – wie würde die Welt aussehen, wenn endlich Mehrheiten, womöglich noch in ihrem Bewußtsein mit den Herrschenden ein Herz und eine Seele, überall den öffentlichen Ton allein angeben würden. Ein Triumph der Demokratie, die bei einigem Wohlstand doch eher eine angenehme Lebensform als eine Volksherrschaft ist. Recht so, maßhalten. Mit den ordentlich angemeldeten Demonstranten gegen den Präsidenten hätte es noch hingehen mögen. Sie waren ein Aufgebot von Sektierern, von Splittergrüppchen aus linken sozialdemokratischen, gewerkschaftlichen, kirchlichen, grünen Kreisen: das ganze bekannte Sammelsurium, das sich nicht scheut, mit Kommunisten sich zu mischen. Von den Kommunisten abgesehen, die Schlimmeres sind, handelte es sich bei ihnen um *Gegner* der herrschenden Auffassung, der tonangebenden Meinung. Gegner der Mehrheit. Sie sind *fast* Fremdkörper; die Kommunisten sind es ganz und gar, halten jedoch Disziplin. Aber seit Jahren schon mengen sich gänzlich Disziplinlose unter die vergleichsweise gesitteten Demonstranten. Junge Menschen, die von Demonstration zu Demonstration reisen; fahrendes Volk sozusagen, das nichts anderes im Sinn hat als Krawall und Vandalismus: die Zerstörung von anderer Leute Hab und Gut, aber auch von Leib und Leben. Vermummt im Kampf mit der Polizei; und anderntags wohl die meisten von ihnen mit dreister Stirn vor einem Schalter, um öffentliche Unterstützung zu kassieren. Man hat manches im Land zu lange schleifen lassen: so konnte derlei heranwachsen. Mummenschanz das ganze Jahr über. Es ist nicht einmal möglich, diesem Mob einen eindeutigen Kommunismus oder Sozialismus zu unterstellen. Dafür sind diese Sorte Menschen zu chaotisch, zu anarchistisch. Sicher weiß man nur eins: Sie sind *Feinde*. Selbst die anderen Demonstranten, in deren Züge sie sich einreihen, empfinden sie als Last. Dem könnte man freilich leicht abhelfen. Man müßte nur nicht mehr demonstrieren – dann wären die Feinde bald allein. Isoliert. Und auch wenn in der Vergangenheit einiges zu lasch gehandhabt worden ist: Solche Typen haben Westdeutschland, Westberlin nicht verdient. Im Grunde sind sie doch ein Rätsel, sind wie aus einer anderen Welt, für die kein normaler Mensch verantwortlich zu machen ist.

Zu den vielen Vorzügen der pluralistischen Gesellschaftsordnung gehört unbezweifelbar, daß nur ihr die Pontius-Pilatus-Geste systemgerecht zu eigen ist: das Waschen der Hände in Unschuld. In Systemen mit totalitärem Anspruch kann man sich so die Hände nicht reiben. Jugendliche etwa, die aus dem Ruder laufen, sind in ihnen immer auch ein Vorwurf an die gültige Lehre, weil die mindestens der Absicht nach für alles und jedes in der Gesellschaft Verantwortung beansprucht. Im bequem geschnittenen Pluralismus verflüchtigen sich solche Verantwortlichkeiten in den großen Freiheiten für jedermann, jung und alt, arm und reich, Angepaßte und Ausgesonderte. Man kann, im Blick auf die Chaoten zum Beispiel, vom Restrisiko der Freiheit sprechen.

*

Wie ist ein gesellschaftliches Bewußtsein zu beschreiben, Deutschland im Juni, das mehrheitlich keine Frage mehr verschwendet an die Ursachen, die junge Leute – und die am weitesten abgedrifteten von ihnen, so muß man unterstellen, aus Selbstzweck – in die Gegengewalt zur Staatsmacht treiben? Was sonst, außer *Satire, die als Vokabular heimtückisch das der Mehrheit benutzt*, kann sich von der landläufigen Heuchelei noch unterscheiden, die tatsächlich so gut wie jede Verletzung herkömmlicher bürgerlicher Moral nach kurzem Flattern und Schnattern zudeckt, vergißt, die gegebenenfalls (wenig später in dem Jahr, dessen Juni hier abgehandelt wird) ein taktisch begründetes, feierlich-öffentliches Leichenbegängnis, ohne Ansehung des Toten, unter bischöflicher Assistenz in einem ehrwürdigen Dom verlangt und zustandebringt – die aber Demonstrationen, die nicht friedfertig bleiben, für unbegreiflich erklärt.

Gewalt ist verwerflich. Die notwendigen, geregelten wie regellosen Ausnahmen von dieser Einsicht, die ein Gebot ist, sind stets gesellschaftsbedingt, situationsbedingt, zeitbedingt gewesen. War die regellose Gewalt der Straße beim Sturm auf die Bastille in Paris im Jahre

1789 gerechtfertigt – aber die beim Angriff auf das Petersburger Winterpalais 1917 nach Auffassung der heutigen Nutznießer der bürgerlichen Revolution vor zweihundert Jahren nicht, weil ihnen die Konsequenzen von 1917 bedrohlich erscheinen? Wird in der andauernden Angst, die vom Jahre 1917 ausgeht, demnächst auch der Segen von 1789 in Zweifel gezogen werden? Soll der bürgerlichen Gesellschaft im Jubiläumsjahr 1989 – damit der zweihundert Jahre alten Revolution gedacht werden kann, ohne daß die von 1917 als eine ihrer Folgen angesehen werden muß – eine beruhigende Auslese angeboten werden, die guten ins Töpfchen, die schlechten ins Kröpfchen: Mirabeau und Kerenski auf der einen Seite, Robespierre und Lenin auf der anderen? Wetten, daß – in diesem und jenem Jubiläumsbeitrag? Politisierende Historiker werden sich finden.

Wo, außer im Auge des Betrachters, liegt heute der Unterschied in der nicht staatlich sanktionierten Gewalt der Palästinenser und der Afghanen? Und wo lag er, ein paar Jahrzehnte früher, zwischen der des Israelis Begin (später Ministerpräsident) und des Vietnamesen Ho Tschi Minh (später Staatsoberhaupt)? Die in der Verhältnismäßigkeit ihrer Mittel geregelte, bei Mißbrauch verklagbare Gewalt als Staatsmonopol war noch immer nur ein befristeter Fortschritt, der, wenn er hält, was er verspricht, verteidigenswert ist – obwohl auch er das weite Feld des gesellschaftlichen Rechts des Stärkeren, das Gewalt ist, ohne ein tätlicher Angriff zu sein, so gut wie ganz links liegen läßt.

Aus Binsenstroh, das freilich dann und wann zu gering geachtet wird, sind solche Feststellungen und die Fragen nach der wechselhaften Rechtfertigung von Gewalt. Sie sollen keineswegs, nicht einmal klammheimlich, die vermummten Demonstranten in Westdeutschland, in Westberlin (von denen manche ihr Gesicht verhüllen, weil sie *ganz ohne Gewalt* berufliche Folgen einer Identifizierung fürchten) auf die Höhe von revolutionären Vortrupps und deren Gewalt heben. Die Verhältnisse, sie sind nicht so. Und bei dem Blut, das notwendige Revolutionen nach aller Erfahrung kosten, können Mehrheit wie Minderheit im Land dafür nur dankbar sein: den Verhältnissen. Aber kann aus ihnen auch das ruhige Gewissen der Mehrheit gespeist werden, das als Reaktion auf den vermummten, gewalttätigen Protest – der ziellos wirkt oder sich in den angemaßten Zielen überhebt, der jedoch Ursachen haben muß – nur das Händereiben des Pontius Pilatus und die Überweisung eines Rätsels an das polizeiliche Einmaleins kennt? Es wird wohl nicht einmal Heuchelei sein, womit so vieles bemäntelt und anderes als unbegreiflich ausgesperrt wird, sondern ein schützender Selbstbetrug: Augen zu und – bis auf die Sicherung von Ruhe und Ordnung auf Straßen und Plätzen – alles außer acht gelassen, was an Gesittung verlorengegangen ist. Wann und wodurch denn wohl verlorengegangen? Wie weit reicht die landläufige Erinnerung an Bruchstellen der allgemeinen Moral zurück? Und dabei hat sich doch so viel komplett restaurieren lassen seither.

*

Allgemeine Pflicht ist es, jedes Restrisiko möglichst klein zu halten. Darin hat sich Westberlin im Juni nichts vorzuwerfen. Schon Tage vor der Landung des amerikanischen Präsidenten und seiner Ehefrau auf dem Flughafen Tempelhof werden die Zugänge zur Stadt, die Kontrollstellen, an denen die Transitwege durch die DDR ans westliche Gebiet stoßen, verstärkt überwacht, um die anreisenden Freunde der Feinde zu entwaffnen. Stuhlbeine, Elektrokabel und andere Schlagwerkzeuge werden von der Westberliner Polizei aus den Kofferräumen von Automobilen herausgeholt und konfisziert. Die Faustregel, nach der die Polizisten entscheiden, welche Personen und Wagen sie filzen, ist so einfach, wie durchgreifende Erfolge sie brauchen: Kontrolliert werden Reisende im Alter unter vierzig Jahren, die, nach dem Reinlichkeitssinn der Beamten, ungepflegt aussehen; und Kraftfahrzeuge mit geringem Hubraum, vor allem solche, die nicht so glänzen wie Wagen, die von den Fahrzeughaltern jeden Sonntagvormittag gewienert werden. Es ist nicht die Stunde für Federlesen. Polizeilicher Bescheid an einen Kontrollierten, der sich beschwert: »Wo Sie Ihre Meinung äußern dürfen, das bestimmen immer noch wir.« Den Fernsehreportern, die die vorbeugenden Maßnahmen an den Toren der Stadt filmen wollen, wird das Drehen da und dort untersagt. Ein gesamtdeutscher Hauch weht über die Szene. Der Gedanke blitzt auf, daß, wenn Not am Mann ist, staatliche Organe einander gleichen wie ein Ei dem anderen. Aber mit der Gewißheit, die das Bonner Grundgesetz stiftet, weiß man – nach der kurzen Versuchung, unstatthafte Vergleiche zu ziehen – dann doch wieder: Natürlich gibt es Unterschiede.

Wozu können einen, vorübergehend, Spottlust und Mangel an Respekt verleiten. Man muß noch viel schärfer mit sich ins Gericht gehen.

Die Polizei in Westberlin steht bereit. Die zu ihrer Verstärkung aus dem Bundesgebiet herangeführten Kräfte werden in einem kurzen Verwaltungsakt befristet in den Westberliner Dienst übernommen, um dem Status der Stadt (nicht Bundesland, sondern alliiertes Besatzungsgebiet) Genüge zu tun. Insgesamt sind zehntausend Polizisten versammelt, als am 11. Juni, dem Tag vor Reagans Eintreffen, eine ordnungsgemäß beantragte und genehmigte Demonstration stattfindet. Beobachter, die nicht weiter nachdenken, denen der Sinn für Taktik und Strategie fehlt, die von der Polizei nach wie vor die einst üblichen Schutzmaßnahmen erwarten – solche Beobachter, an denen die Zeit vorbeigegangen ist, könnten vom polizeilichen Verhalten während dieser Demonstration verwirrt worden sein. Ihnen muß man auf die Sprünge helfen. Sie müssen lernen, einzusehen, daß die anfängliche Zurückhaltung der Polizisten einem höheren Zweck diente; zunächst Taktik war, um sich dann, generalstabsmäßig, als Strategie entfalten zu können. Auf ein paar Fensterscheiben kann es dabei nicht ankommen, wenn es der rechten Sache nutzt. Im Krieg wie in der Liebe ist alles erlaubt.

Die ordentlichen, insoweit friedlichen Demonstranten, etwas weniger als dreißigtausend, wurden zu Beginn ihres Umzugs durch die Innenstadt Westberlins, wie gewohnt, von der Polizei begleitet. Als jedoch die tausend bis zweitausend zumeist vermummten Chaoten (die Zahlenangaben schwanken), die sich unter die

– im Sinne der Ordnungsfeinde – *nützlichen Idioten* eingereiht hatten, damit anfingen, Farbbeutel zu werfen und Schaufenster zu demolieren – da zogen sich die Polizisten, nach einem kurzen, halbherzigen Vorstoß, vorübergehend zurück. Sie waren in dieser Phase des Gefechts, von wenigen Uniformierten als Alibi-Beschaffern abgesehen, praktisch nicht mehr am Tatort. Warum, so mochten also naive Beobachter fragen, griff die Polizei nicht nachdrücklich ein, erstickte sie die aufflackernde Gewalt nicht im Keim? Schon der Begriff *Tatort* ist nicht mehr angemessen; ein *Gefechtsfeld* ist es. Und alsbald erwies sich an diesem Donnerstag, an der Schwelle zwischen Nachmittag und Abend, wie fein gedacht die polizeiliche Planung war. Die Veranstalter des genehmigten Demonstrationszugs wurden, womit gerechnet werden durfte, nervös, als die ersten Fensterscheiben von Kaufhäusern klirrten. In Eile erklärten sie die Versammlung für aufgelöst, noch bevor es zur Abschlußkundgebung gekommen war. Die – wie soll man sie nur immer nennen: halbwegs noch bürgerlichen, quasi gesetzestreuen, jedenfalls rechthaberischen – Demonstranten, die wohl ohnehin allen Mut hatten zusammennehmen müssen, um ihr Verfassungsrecht auf Demonstrationen auszuüben, zerstreuten sich schnell. Viele von ihnen hatten sich schon vorher verlaufen.

So ging die Rechnung der Polizei auf. Auch der Naive begreift: Durch die polizeiliche Duldung der anfänglichen Gewalttaten war erstens vermieden worden, daß die Polizisten den Kampf mit dem *schwarzen Block* unter ungünstigen Bedingungen aufnahmen: in Gegenwart der vielen Demonstranten, was zu gefährlicher

Unübersichtlichkeit, die so oft schon das Schlachten-
glück gewendet hat, und zu lästigen Solidarisierungen
der Gegner der Mehrheit mit den Feinden der Ordnung hätte führen können. Zweitens war nun, nachdem die Versammlung gerade noch ordnungsgemäß,
aber doch nach ersten Steinwürfen aufgelöst worden
war, nicht nur die Masse der Demonstranten (die
immer noch da und dort öffentlichen Zuspruch findet)
vom harten Kern getrennt, was die Gefechtshandlun-
gen für die Polizei vereinfachte: Vor allem war psycho-
logisch das Bett bereitet. Was jetzt folgte, so konnte
die breite Öffentlichkeit nachempfinden, war die notwendige Ahndung vorangegangener Zerstörung. Vom
harten Kern, auf sich allein gestellt, würde seiner
Natur nach weitere Gewalt ausgehen, was der Polizei
von zertrümmertem Schaufenster zu ramponiertem
Automobil mehr und mehr Recht gab in ihrem Haupt-
schlag gegen den Feind. Ihre anfängliche, relative Passivität konnte darüber in Vergessenheit geraten. Drit-
tens ermöglichte das vorläufige Abwarten, das Kampf-
gebiet aus der, sozusagen, gläsernen Innenstadt in den
Bezirk Kreuzberg zu verlegen, wo anders durchgegrif-
fen werden konnte. Nach Kreuzberg wichen erwar-
tungsgemäß die meisten Chaoten schließlich zurück;
im *Scherbengalopp*, wie es heißt, wenn eingeworfene
Fensterscheiben den Weg säumen. Die Chaoten wohnen da. Aus dieser Gegend ihrer Stadt erwarten die
realistisch eingestellten Westberliner ohnehin nichts
anderes als Gewalt. Gut, wenn die Ordnungskräfte
dort Flagge zeigen.
In allen drei Punkten erwies sich das polizeiliche Kalkül als richtig. Auf der Taktik der anfänglichen

Zurückhaltung fußte die Strategie, der Massenschlacht auszuweichen und statt dessen den Kampf als Verfolgungsjagd in das Wohngebiet des Feindes zu tragen. Wie konsequent die Polizei sich an ihren Plan hielt, zeigte das Anwachsen ihrer Erfolgsbilanz im Laufe der Nacht: Von den 77 Festnahmen, über die zu Beginn dieses Kapitels berichtet wird, waren nur wenige während des Demonstrationszugs und der ersten Zerstörungen vorgenommen worden; die große Zahl wurde in Kreuzberg eingefangen. In der aktuellen Berichterstattung von Tag zu Tag, in der die gemeldeten Vorgänge einander überlagern, sich in der Nachrichtenfülle in ihrer Bedeutung wechselseitig aufheben oder zum nichtssagenden Detail schrumpfen – in solcher Tagesschau ist die Feinheit, mehr noch: die strukturelle Schönheit einer perfekten Polizeiaktion kaum zu vermitteln. Erst im Überblick einer Chronik enthüllt sich das ganze Bild. Den zerstreuten westlichen Deutschen, die sich für einen Augenblick durchaus den richtigen Empfindungen für ihr Land und seine Feinde hingeben, aber mit der nächsten Gefühlsregung schon wieder auf Urlaub oder beim Sport sind, ist wohl gar nicht andauernd bewußt, wie die Verhältnisse wirklich sind und in wie umsichtiger Obhut sich ihre Ordnung befindet. Da blüht viel im Unerkannten. Schön, daß es in einer Juninacht einmal sichtbar wird.

Aber wie würde es nun an dem Tag sein, der jetzt heraufzog? Dem Tag der Tage in diesem Monat: 12. Juni. Die Reagans in Westberlin. Das sagt sich so familiär. Aber genau gesehen war es doch ein kaiserliches Paar, dessen Einzug in die Stadt erwartet wurde, wenn man die Machtfülle und den Glanz bedachte, die mit dem Amt des amerikanischen Präsidenten verbunden sind. Der Kaiser von Amerika und die Frau Kaiserin eilten aus Venedig herbei, wo Ronald Reagan am Weltwirtschaftsgipfel von sieben reichen Ländern der Erde teilgenommen hatte. Die dort versammelten Staatsmänner, unter ihnen der Bundeskanzler, hatten zwar die wachsenden ökonomischen und finanziellen Probleme nicht zu lösen gewußt; wenige Monate später im Jahr erschien die Flammenschrift, zum ersten Mal seit 1929, an den Wänden der internationalen Börsen. Aber kaiserlich, märchenhaft war das Ambiente gewesen, das die italienische Regierung für Ronald und Nancy Reagan in Venedig hatte schaffen lassen. Aus Palästen und Museen waren Möbel, Bilder und Skulpturen aus drei Jahrhunderten der Kunst und des Kunsthandwerks Italiens in die Villa transportiert worden, in der das hohe Paar aus den USA für eine knappe Woche wohnte. Die Villa, in einem üppigen Park gelegen, ist sonst ein Luxushotel, das als außergewöhnlich gut ausgestattet gilt. Bevor für die Reagans Mobiliar und Zierrat durch Leihgaben ausgewechselt worden waren, hatte man Teile des großen Landhauses von Grund auf renoviert. Man weiß gerade auch in Italien, wie heikel in der Hygiene Nordamerikaner, schon vom Mittelstand aufwärts, gewöhnlich sind. Manches, was über den Aufenthalt der Reagans in Venedig berichtet wurde, entsprach dem Märchenhaften auch darin, daß man sich vorstellen mochte, was man las, ohne wirklich daran glauben zu können. Ist tatsächlich der Flügel, an dem Guiseppe Verdi komponierte, in einem der Salons aufgestellt worden – zur gefälligen Benutzung? Sind die Gartenanlagen einheit-

73

lich mit der Lieblingsblume der Kaiserin neu bepflanzt
worden, roten Rosen? Aus dieser Pracht also kamen
die beiden, Ronald und Nancy, um in Westberlin für
vier Stunden ihren demokratischen Geschäften nach-
zugehen: die moderne Dialektik eines politischen Lebens.

*

Zu den Eigentümlichkeiten des gegenwärtigen, des
demokratischen Jahrhunderts gehört, nun es zu Ende
geht, ein Darstellungsstil des Politischen, der aus dem
Zusammenwirken von Widersprüchen besteht. Ihn zu
studieren, auch dafür bot dieser Juni in Deutschand die
beste Gelegenheit: den Besuch des US-Präsidenten in
Berlin (West). Die Widersprüche haben sich zunehmend gemischt in den vergangenen dreißig Jahren und
bilden inzwischen miteinander ein eigenständiges Poli-
tikum: Der Stil wirkt mehr und mehr auf den Inhalt
der Politik ein. In unterschiedlicher Ausprägung ist
diese Erscheinung in allen demokratischen Gesellschaften zu erkennen. Da ist einerseits der Zwang – der
auch eine Lust sein kann –, dem demokratischen
Wesen zu geben, woran es heutzutage gewöhnt ist:
demonstrative Respektsbezeugungen der Gewählten
vor dem Volkssouverän; die anbiedernde Herstellung
gleichmacherischer Nähe bei gegebenem Anlaß; die
rhetorische Reduzierung sachlicher Probleme auf ein
Simpel-Niveau, auf dem der große Einklang mit der
versammelten Anhängerschaft gelingen kann; die
schmeichlerische Beteuerung, Geist und Fleisch vom
Geist und Fleisch der Menge zu sein; die Geste, die

sowohl ein Schulterklopfen als auch eine Umarmung ist. *Mehr eine demokratische Geselligkeit als eine demokratische Gesellschaft.* Andererseits geben sich große Teile des umworbenen Wählervolks, des hofierten Souveräns zunehmend der Neigung hin, emporzuschauen zu freudig errichteten Thronen, auf denen Politiker, die vom Geschmack der Menge ausgewählt und begünstigt werden, Platz genommen haben. In dem Maße, in dem das Gefühl der Menschen wuchs, die eigenen Existenzbedingungen in der näheren wie weiteren Welt nicht mehr ergründen zu können, verstärkte sich unter vielen Wählern das Bedürfnis, sich im demokratischen Dickicht Lichter aufzustecken: Orientierungshilfen, die von *besonderen Figuren* ausgehen, bei denen man sich emotional aufgehoben fühlen kann. Bedenkenlos, gedankenlos.

Ein Widerspruch nicht nur zur theoretisch behaupteten Mündigkeit der Stimmbürger, sondern sogar zu dem populistischen Ritual der Begegnungen zwischen Wählern und Gewählten von scheinbar Gleich zu Gleich. Aber die Mischung des Einerseits mit dem Andererseits, der heute maßgebliche Darstellungsstil des Politischen – welche Manifestation der gegenwärtigen demokratischen Verfassungswirklichkeit.

Totalitäre Regime erscheinen auf den ersten Blick, vor allem wegen der unter ihnen üblichen Massenaufmärsche, als die bereits erreichte Vollendung dieser demokratischen Spätform aus Einerseits und Andererseits. Aber der Eindruck trügt. Sie können ihrer Art nach die Mischung nur eingeschränkt verwirklichen. Ihre Form des Personenkults rückt die Gefolgschaft in eine gehörige Distanz zur besonderen Figur, in der Populismus nicht gedeihen kann. Schließlich ist die Menge an der Auswahl der Figuren nicht beteiligt. Ob Gorbatschow auf Dauer die Kluft überbrücken kann, bleibt abzuwarten. Und Führungskollektive können die Nähe zur Masse nicht so täuschend herstellen, wie es zweckmäßig begabten Führern in der pluralistischen Demokratie möglich ist: Ein kommunistisches Führungskollektiv bleibt – wohl auch in seinem Selbstverständnis – von den Regierten getrennt durch die Disziplin und den sowohl avantgardistischen wie hierarchischen Anspruch der Partei; und durch seine bisher praktizierte Selbst-Ghettoisierung, die sich hauptsächlich erklärt aus Verfolgungszeiten, der Übernahme altrussischer Kreml-Gewohnheiten und modernen Sicherheitsvorkehrungen. Auch spielt das Volk in seiner Mehrheit nicht mit. Nicht nur die sattsam bekannten Mängel des real existierenden Sozialismus verhindern sein Mitwirken an der Mischung; vor allem in Osteuropa, wo verklärte Erinnerungen an frühere Zustände und konkrete Träume von Westeuropa umgehen. Hinzu kommt, daß die Versuchung, sich besonderen Figuren – nach dem Gusto der Menge – anheimzugeben, offensichtlich viel stärker unter den Menschen ist als die Bereitschaft, sich das Weltverständnis ideologisch vermitteln zu lassen. Muß das erklärt werden – wenn man die emotionale Hingabe des einen Verhaltens und die rationale Anstrengung des anderen bedenkt?

So gibt es denn auch, genau definiert, keine Mitläufer des regierenden Kommunismus. Beugungsfähige Opportunisten, umsichtige Karrieristen, durchtriebene Zyniker sind sonder Zahl in kommunistischen Staaten vorhanden. Da besteht kein Unterschied zwischen den Systemen, sondern die Gemeinsamkeit einer verdeckten Äquidistanz: der gleichgroße Abstand, den viele Menschen hier wie dort von den jeweils postulierten höheren Werten einhalten. Aber wer sich einem kommunistischen Regime auch nur aus Eigennutz anpaßt, muß doch gewisse vorgeschriebene Teilnahmeriten im Rahmen der herrschenden Lehre vollziehen. Um es in einem Vergleich zu sagen: Der Nachweis von wenigstens einem Taufschein-Christentum ist nötig; und wenn es nur der Beitritt zum Kulturbund ist.

Die völlige – formale – Ungebundenheit, die auch noch als Freisinn gegenüber parteilicher Enge gilt; die Möglichkeit, sich dennoch politisch ganz einbezogen zu fühlen, solange man nicht vom Weg der Mehrheit, die größer ist als alle Vernunft, abweicht; die Gewißheit, daß solche Art von Engagement kostenlos und risikofrei ist – diese idealen Voraussetzungen für Mitläuferei sind ohne Einschränkung nur im pluralistischen System gegeben. Man kann sie seit längerem schon als einen selbstverständlichen Teil der bürgerlichen Freiheiten ansehen. Wer wollte sie den hinfälligen Menschen mißgönnen? Abgeschwächt, aber durchaus lebensfähig existieren sie auch unter Regimen, denen nicht die strenge Geschlossenheit einer ausformulierten Ideologie zu eigen ist, sondern nur ein vage umschriebenes Gesinnungs-Surrogat, das vieles bietet. Daher konnte der Kreis der Mitläufer im Nationalsozialismus weit über die Zahl der Parteigenossen hinausreichen. Etwas Anziehendes: die schimmernde Wehr, die Sentimentalitäten von Blut und Boden, die konfliktfreie Arbeitsfront, die Tilgung der Versailler

Schmach, die vereinfachte Kunst, den Antisemitismus, die Förderung des Einzelhandels ohne Nachteile für die Kaufhäuser – irgend etwas Anziehendes konnte fast jeder finden und mußte, um sich, und sei es nur partiell, eins zu fühlen, nicht einmal im NS-Kraftfahrkorps Motorrad fahren. Das war möglich, weil Mentalität und Machtstruktur des Nationalsozialismus ein System schufen, das zutreffender ein *despotisches Regime* als ein totalitäres genannt wird. Adolf Hitler war ein umjubelter Despot; nicht ein Diktator, wie ihn konstitutionell begrenzt das antike Rom kannte und Winston Churchill es punktuell im Zweiten Weltkrieg war.

Die Massenmedien, allen voran das Fernsehen, sind nicht nur das unabdingbare Transportmittel für den heute herrschenden Darstellungsstil des Politischen im pluralistischen System, die innige Verschmelzung von Widersprüchen. Sie sind es, die ihn nicht nur möglich, sondern unausweichlich gemacht haben. Nichts, was früher auch begnadeten Agitatoren in Sportpalästen und auf Mai-Kundgebungen als Vermählungsakt der Politiker mit der Menge geglückt ist, kann nach Art und Quantität mit den demokratischen Folgen aus den jetzigen Massenmedien verglichen werden. Beides, Art wie Quantität, ist zu einer neuen Qualität geworden. Der Wandel von der *argumentativen Demokratie*, die einst das Eigentum einer vom Klassenwahlrecht begünstigten Minderheit war, zur *dargestellten Demokratie* hat sich in opferreichen Etappen vollzogen, in denen die Unterprivilegierten ihre sozialdemokratisch geprägte, also maßvolle Teilhabe am politischen Regime erkämpften – um sich am Ende nun als Fernsehzuschauer der Politik wiederzufinden. Die Mentalität des Fernsehkonsumenten, die sowohl von weitgehender Passivität als auch scheinbarer Wohlinformiertheit bestimmt ist, hat sich in den jüngst vergangenen Jahrzehnten zur staatsbürgerlichen Norm im Pluralismus entwickelt. Sie kennzeichnet den modernen Demokraten nicht nur, wenn er im Sessel vor dem Bilderkasten sitzt, der ihn zerstreut und von dem er glaubt, daß er ihm die reale Welt ins Wohnzimmer holt. (Er hat sie doch gesehen. Was hat er gesehen?) Auch da, wo das Fernsehen und die anderen Massenmedien, Boulevard-Zeitungen, Radio, nicht unmittelbar auf ihre Verbraucher einwirken, waltet ihr unvermeidlicher Einfluß. Die ihnen – in der Regel, die Ausnahmen kennt – innewohnende Zubereitungsart politischer Informationen, einschließlich der Präsentation von Politikern, bändigt den heutigen Nachrichtenüberfluß durch plakative Vergröberung oder Personalisierung. Das eine soll eine Sachinformation gerade noch faßlich machen, auch wenn sie dabei fast falsch wird. Das andere lenkt von der Sache ab auf Personen, die mit der nicht mehr allgemein vermittelbaren Sache zu tun haben: Was sind die Liebhabereien des Gewählten, dessen Tun und Lassen sich der Einsicht der Wähler weithin entzieht, weshalb sie aber wenigstens wissen wollen, was er seiner Frau zu Weihnachten schenkt. Dieser Charakter der politischen Kommunikation, von den Medien ins Leben gerufen, hat in bestimmendem Maße auf die *sichtbare Politik* übergegriffen, auf das Auswahlsystem höherer politischer Führer, die Süffigkeit von Aktionsprogrammen, die Stimmenwerbung in Wahlkämpfen.

Der so entstandene Darstellungsstil – die Mischung aus demonstrativer Anpassung von oben an das Zuschauerniveau der Menge mit deren Anlehnungsbedürfnis an höher gestellte, besondere Figuren – beansprucht inzwischen denselben Rang wie der Inhalt der Politik. Kommt es bei der Planung einer Partei oder Regierung für ein öffentliches politisches Vorhaben zu einem Konflikt zwischen Stil und Inhalt, so haben die *Verpackungsexperten* meistens das letzte Wort gegenüber den *Sachverständigen* – sofern die Politik professionell auf der Höhe der Zeit sein soll. Die Inhalte müssen darüber nicht unbedingt zu kurz kommen. Freilich, ihr Anteil an den allgemein erkennbaren öffentlichen Vorgängen nimmt unter den heute marktgängigen demokratischen Bedingungen ab; statt dessen aber wächst der Einfluß der nichtgewählten Apparate, die hinter der Bühne die Inhalte regeln. Dennoch stellt die ungenierte Praktizierung des gegenwärtigen Darstellungsstils viele, viele Menschen zufrieden. Sind sie nicht mit Hilfe des Fernsehens bei allem dabei, anders als jemals zuvor – bei Parlamentsdebatten ebenso wie bei Ereignissen in der weiten Welt? Was soll die intellektuelle Mäkelei, daß Augenschein noch kein Begreifen vermittelt? Wissen die Wähler etwa nicht, dank Talkshow und Klatschspalte im Abendblatt, daß dieser Politiker gern Eisbein ißt und Spaß versteht, indes jener auch einmal poltert und ein Ferienhaus dort besitzt, wohin man selber fährt? Und wenn die Unsicherheiten, die Ängste kommen, angesichts des bedrückenden Überangebots von Nachrichten – kann man dann nicht die Plagen den besonderen Figuren anvertrauen?

Natürlich machte sich ein parlamentarischer Hinterbänkler lächerlich, wollte er sich seiner Klientel als eine solche Figur präsentieren. Auf den unteren Etagen haben sich altmodische Kommunikationsformen erhalten: falls man den Besuch der herkömmlichen Wahlversammlung eines schier namenlosen Abgeordneten durch ein knappes Dutzend Wähler als eine immer noch lebenskräftige Form ansehen will. Schon Bundesminister jedoch, in öffentlichkeitsträchtigen Ressorts und mit entsprechend häufigen Auftritten im Fernsehen, können eine Rolle in der dargestellten Demokratie spielen. Sind sie erst einmal an der Bühnenrampe vorn, so muß das ihre jeweilige Partei mindestens ebenso berücksichtigen wie die sachlichen Leistungen der Hervorgehobenen. Die zuschauenden Staatsbürger, selber Teil der Darstellung, verstehen in ihrer Mehrheit von deren Sacharbeit gerade so viel, wie die Massenmedien ihnen davon schmackhaft machen konnten. Aber welche kenntnisreiche Meinung haben sie sich gebildet über die am Fernsehschirm familiär gewordenen Politiker: wie sie sich in einer hitzigen Gesprächsrunde geben; ob sie locker sein können, wenn ihnen die Plaudertasche im dritten Programm komisch kommt; daß sie auch einmal einen nachdenklichen Ton anzuschlagen wissen, ohne doch grüblerisch zu werden. Solches Ansehen ist ein gewaltiges Kapital. Es kann Politiker, die dessen teilhaftig geworden sind, längere Zeit schützen vor Nachstellungen in ihrer eigenen Partei, wie begründet, selbst gut begründet, diese auch sein mögen. Der Biedersinn etwa, den ein Bundeskanzler verströmt, oder die schneidende Herablassung eines anderen – beides vermag über die

Massenmedien, unter Hintansetzung sachlicher Fragen, dauerhafte Bindungen zwischen den Agierenden und den Zuschauern zu knüpfen.

Die zwei Kanzlerbeispiele zeigen, aus welchen höchst unterschiedlichen Eindrücken der Anlehnungsfaktor genährt werden kann. Sowohl das Gefühl, ein biederer Hausvater, ein Mann wie vom Honoratiorenstammtisch in einem Heimatfilm besorge das hohe Amt, als auch das Empfinden, ein Beckmesser habe es inne, ein Lehrer, der selber sein Primus ist und um den man in der Welt ängstlich beneidet wird – beides kann den Bund stiften. Voraussetzung ist, daß der Mehrheit die in ihr freigesetzten Emotionen im strikten Wortsinne *selbstverständlich* sind: Nicht so sehr Sympathie als vielmehr Vertrautheit mit anderen Hausvätern und Lehrern schafft im Blick auf die besonderen Figuren einen – der Verklärung offenen – *Abstand ohne Fremdheit*. Politiker, deren öffentliche Wirkung an Unvertrautes, an Abweichlerisches rührt, können sich offenkundig unter den obwaltenden Spielregeln nur für eine Frist behaupten, in der unaufschiebbare politische Notwendigkeiten eine Addition von Minderheiten herbeiführen, die vorübergehend eine konkret zielgerichtete und insofern abnorme Wählermehrheit ergibt. Die Machtsicherung, die normale, landläufige Mehrheiten den von ihnen auserwählten Staatsmännern – durch das hohe Amt entrückt, aber nicht fremdartig geworden – gegebenenfalls auch gegen deren eigene Partei für eine Zeit bescheren, ist ein massiver Einbruch des Plebiszitären in ein System, dessen Vertreter sich im übrigen kaum zu lassen wissen vor besorgtem Abscheu gegenüber imperativen Mandaten und anderen Unmittelbarkeiten des Wählerwillens. Das Mitspracherecht der Parteimitglieder, die immerhin geltend machen können, daß sie in einem idealen Mitläufersystem mehr als nur Mitläufer (oder, anderes Bild, Zuschauer) sein wollten, wird dadurch geschmälert. Aber was verschlägt das gegenüber dem Gewinn, den eine Partei im ganzen erzielt, die einen Politiker anzubieten hat, der dem jüngsten Entwicklungsstand der Demokratie angemessen ist? Von der Volksgunst, die er genießt, fällt auch ein Stück ab für nachgeordnete Parteifreunde, sofern sie den Bund zwischen der besonderen Figur und der Menge respektieren. Eine allgemeine Verdrossenheit des Publikums über das politische Getriebe belastet alle politischen Strukturen und Organe – am stärksten die Parteien, die bei einem unangepaßten Verhalten im Handumdrehen wie ein Fremdkörper, wie ein überflüssiger Dritter im Bund wirken können. Alle Parteien sind gleich, aber manche sind ihrer Herkunft nach gleicher, was ihre Fähigkeit angeht, sich in der dargestellten Demokratie ganz zu Hause zu fühlen.

Dieser Gang der demokratischen Dinge war wohl vorgezeichnet: Schritt für Schritt, mit denen das fein austarierte System des Dreiklassenwahlrechts, ein Unrechtsystem, zu einer immer breiteren Demokratisierung gelangte, bis es schließlich unter dem Einfluß der Massenmedien seine jetzige Form annahm. Auf dem Wege sind bitter notwendige Fortschritte mühsam genug erreicht worden: ein gleiches Wahlrecht, das Frauenstimmrecht, gewerkschaftliche Rechte, Minderheitenrechte. Ein segensreicher, gesellschaftlich friedenstiftender Prozeß der Emanzipation, dessen Stationen die Triumphe einer guten Sache waren – der jedoch auch, wie heute zu erkennen ist, die Verführung des Volkssouveräns zur gefällig drapierten Selbstentmündigung stets in sich trug. Eine Spätform des Systems, die sich in diesen Jahrzehnten vollendet? Zu welchem Ende? Die Entwicklung wird nicht widerlegt durch die Ausnahmen und Abweichungen von ihr, die es nach wie vor gibt. Sie kann durch regionale oder thematische Besonderheiten von Fall zu Fall unterbrochen werden. Besondere Figuren können sich abnutzen. Nicht alle von ihnen haben die gleiche Wirkungsdauer und Attraktivität; vorübergehend steht manchmal nur ein Halbstrahler zur Verfügung. Der moderne Darstellungsstil des Politischen und sein Übergreifen auf die Inhalte sind bei großen Volksparteien eher zu finden als bei kleineren, feineren, die ihre spezielle Anhängerschaft besitzen. Ohne Frage dienen weiterhin viele Politiker entsagungsvoll dem Funktionieren einer mündigen Gesellschaft; sind Mitglieder von Parteien unverändert von diesem Ideal beseelt; bleiben Journalisten überzeugt, daß sie nicht nur Mißstände aufdekken, sondern mittels allgemeiner Aufklärung die Staatsbürger einsichtsfähig halten. Aber hinter allem ist die Entwicklung unverkennbar. Geraten einige Politiker gelegentlich doch ins Grübeln, wenn sie abends ihr Tagwerk bedenken – und ihnen dabei in den Sinn kommt, welche eigenen Zweifel an der Mündigkeit des demokratischen Publikums sie heute wieder in ihrem politischen Handeln angemessen berücksichtigt haben? Oder läßt ihnen auch der Abend dafür keine Zeit? Oder beschwichtigen sie sich damit, daß Herrschaftswissen seiner Art nach noch zu keiner Zeit mit allen geteilt werden konnte, auch nicht unter anderen, argumentativeren demokratischen Verhältnissen? Das trifft zu. Aber falls dieser Trost der Politiker und des übrigen öffentlichen Personals aus Ministerialbeamten, Interessenvertretern und Journalisten nicht ohnehin von dem blanken Zynismus aufgezehrt wird, der ihm innewohnt – die hier skizzierte Systemanalyse widerlegt er gewiß nicht.

Die Beschwichtigung verkennt die charakteristische Eigenheit, durch die sich die demokratische Spätform von früheren Entwicklungsstufen des Systems, auf denen auch nicht alles ans Licht kam, unterscheidet: Die weit fortgeschrittene, zwar oberflächliche, aber ganz breite Demokratisierung so gut wie aller staatlichen und gesellschaftlichen Bereiche, die von der vordergründigen Öffentlichkeit, die die Massenmedien herstellen, dem Stimmbürger glaubhaft gemacht wird – sie erzeugt aus den Teilhabe-Illusionen die Gefühle der Überforderung: in einer Quantität wie niemals zuvor. Wo soll man sich noch bergen? Welche bequemere Antwort könnte das pluralistische System finden als die der dargestellten Demokratie? In ihrem Einklang zwischen hofierten staatsbürgerlichen Zuschauern und den besonderen Figuren verstummt am ehesten die Frage nach den nicht vermittelten Einsichten und Absichten.

Mehr kann der Mensch in Wahrheit nicht verlangen. Oder er ist des Idealismus überführt, was beweist, daß er von Politik, vom Treiben der Welt nichts versteht: So lautet vor allem in Westdeutschland die feinsinnigste Zurückweisung kritischer Anmerkungen über die real existierende Demokratie. Sie stammt – die philosophischen Bezüge auf Idealismus, anklagender noch: deutschen Idealismus verraten es – aus gebildeten Kreisen, die den Besitzern von Herrschaftswissen näher stehen als der Menge, die sich zwischen bangen Ahnungen und glücklicher Ahnungslosigkeit ihren Weg sucht. Vermutlich kann der Mensch tatsächlich auf Dauer nicht viel mehr erwarten – und leisten. Aber soll dieses Faktum den gesellschaftlichen Befund entkräften, der unter anderem von ihm bestimmt wird? Feinsinnige Nutznießer der herrschenden politischen Praxis scheuen vor solchem Aberwitz nicht zurück. Die platteste Art, grundsätzliche Systemkritik im Pluralismus abzuwehren, bleibt das nimmermüde Zitieren jenes Winston Churchill zugeschriebenen Bonmots, wonach die parlamentarische Demokratie die schlechteste aller Regierungsformen ist, außer allen übrigen. Wie hübsch das gesagt ist. Die darin ausgedrückte Selbstgenügsamkeit bedeutet allerdings, beim Wort genommen, daß Diebstahl und Totschlag, wenn es nicht anders geht und dabei bleibt, in Ordnung sind, weil es auch Raub und Mord gibt.

Es existiert, in der Bundesrepublik wie anderswo, Widerstand gegen das politische Dasein als Zuschauer. Minderheiten suchen nach einem Standpunkt, von dem aus ein begrenzter, aber eigener Überblick möglich ist. Was sie erkennen, wollen sie auch mitbestimmen. Hier liegt der Ursprung von Bürgerinitiativen des Inhalts: Ob die Bäume in meiner Straße gefällt werden, entscheidet nicht die Verwaltung. Eine zweite Quelle, aus der das Bedürfnis nach Selbständigkeit gespeist wird, ist das Empfinden, daß immer öfter Beschlüsse zu fassen sind, die wegen ihrer Endgültigkeit die vom

Wähler entlehnte Verantwortungskompetenz von Parlamenten und Regierungen ethisch außer Kraft setzen. Aus dieser Überzeugung resultiert der Mangel an Respekt vor Mehrheitsbeschlüssen. Und da die Aufgebrachten, Umgetriebenen keine Beschlußmöglichkeit in der Sache besitzen, bleibt ihnen als Ausweg nur der Versuch, die Sache anders zu verhindern: in Westdeutschland durch Demonstrationen vor atomaren Müllschächten, Wiederaufbereitungsstätten und Raketendepots.

In diesem Haus sind viele Wohnungen. Moralisch höchst Sensible halten es ebenso besetzt wie Menschen, die längst an der Endstation Gleichgültigkeit ausgestiegen sind. Körnerfresser und Chaoten und körnerfressende Chaoten im selben Zimmer. Politische Talente und der Welt Entrückte unter einem Dach. Frauen und Männer mit Entschlußkraft und solche, die in die Ratlosigkeit verliebt sind, Tür an Tür. Aufsteiger in der Minderheit, die – wenn es der Zufall so gewollt hätte – ihren Weg nach oben auch in der Mehrheit hätten finden können, von gänzlich Selbstlosen, denen nichts als ein unbestimmtes Sehnen zu eigen ist, nur durch eine Etage getrennt. Auf einem Korridor nebeneinander schier verzweifelte Vernünftige, siegessichere Träumer, enge Sektierer und fanatische Irrationalisten, die das Fassen eines Gedankens für eine Schmälerung ihrer Freiheit ansehen. Am Haustor Gewalttäter und Friedfertige Schulter an Schulter. Vermummte grüßen herüber. Und dann und wann gewöhnliche Leute, selten beschrieben, deren Verständnis für die Hausbewohner geringer ist als ihre Anpassung an die Mehrheit, jedoch nicht ganz erstickt.

Wenn diese Minderheiten, die für einen Part in der dargestellten Demokratie zu aktiv sind, sich zu einer Summe zusammenschließen (was sie noch lange nicht zu einer Mehrheit der Bevölkerung macht), um sich auf höherer repräsentativ-politischer Ebene einzumischen, dann geraten sie oft und schnell in eine Zerreißprobe. Aber falls dabei die jeweilige Organisationsform zerbricht, so ist die in ihr vorübergehend addierte Opposition beileibe nicht am Ende: Sie pflanzt sich auch durch Spaltung fort. Die Mehrheit fühlt sich durch den Widerstand der Minderheiten gereizt, aber kaum bedroht. Was jedoch wird die Reaktion des Systems sein, wenn künftig immer öfter einmal Menschen, die nach gesellschaftlicher Herkunft und Prägung zur Mehrheit zählen, aus ihrer Rolle als zuschauende Demokraten fallen sollten? Arbeiter, brav und bürgerlich ausgestattet, die sich als Opfer des industriellen Strukturwandels erkennen – gestern noch voller Feindseligkeit gegenüber den ungewaschenen Spinnern und morgen ein böses Beispiel, das diese gegeben haben, nachahmend: als Fabrikbesetzer. Natürlich wird das dann jeweils nicht von langer Dauer sein. Erziehung, etablierte Organisationen, Familienbande und andere Verpflichtungen zerren an der Solidarität. Aber hier einmal fünf Tage durchgehalten und noch im selben Jahr an drei, vier anderen Orten; solche Rechtswidrigkeit von den Massenmedien, die sonst so zerstreuend wirken, in viele, viele Wohnzimmer getragen: Die demokratische Spätform wird in den kommenden zehn, zwanzig Jahren darauf zu reagieren haben. Bei allen unterschiedlichen Anlässen, sich vom mehrheitlichen Rollenspiel zu lösen, ist eine Gemeinsamkeit der

Dissidenten im geordneten Pluralismus zu erkennen: eine mehr oder weniger bewußte und praktizierte Hinwendung zu anarchistischem Verhalten. Welche Antwort liegt da näher als diese: noch umfassendere Beruhigung der Genügsamen, festere Zäune um deren Brot und Spiele?

*

Der Besuch des amerikanischen Präsidenten in Berlin (West) war ein feines Exempel für das Zusammenwirken einer besonderen Figur, staatsbürgerlich wertvoller Zuschauer und der Massenmedien – zur Herstellung eines Erlebnisses, das niemandes politisches Fassungsvermögen in Verlegenheit brachte. Aber es war nicht nur eine machtvolle demokratische Manifestation – ganz im Sinne des modernen Darstellungsstils von Politik –, sondern es zeigte ebenso den Vorrang auf, den Polizeimaßnahmen heute vor den bürgerlichen Freiheiten notwendig besitzen. Noch einmal: ein lehrreicher Juni.

Die Menschenmenge, die zu den Veranstaltungen mit dem Präsidenten der USA gelangte, war handverlesen; nach einem ganz und gar anderen Auswahlsystem, sozusagen einem positiven statt einem negativen – aber immerhin doch gesiebt wie die Leute, denen Helmut Schmidt auf dem Marktplatz in Güstrow begegnete, als er die DDR besuchte. Altmodisch beurteilt, beleidigen derlei Vortäuschungen von Volk die republikanische Amtswürde des Gastes. Gewiß durfte nichts an vorsorglicher Sicherheit versäumt werden. Aber ein guter demokratischer Geschmack würde wohl danach getrachtet haben, ein Programm zu planen, das Sicherheit ohne Peinlichkeit gewährleistete. Wie wäre es mit einer inhaltlich anspruchsvollen Rede des Präsidenten gewesen: vor dem Berliner Abgeordnetenhaus, der Industrie- und Handelskammer oder auf einem gemeinsamen Meeting von Rotary und Lions? Eine Rede, mit der – in Haupt- und Nebensätzen, Zwischentönen und Fragen, die mögliche Antworten andeuten – die komplizierte Politik, von der Berlins Lage ein wesentlicher Teil ist, günstig beeinflußt worden wäre: ohne daß die Umstände, unter denen Reagan gesprochen hätte, Westberlin teilweise zu einer abgeriegelten Stadt hätten machen müssen.

Aber das wäre die Kapitulation vor der Straße gewesen. Der Kaiser muß durch seine Stadt reiten können. Wie nennt man aber den Sieg einer Ordnung, die sich nicht anders zu helfen weiß, als eine Wohngegend, in der neben Unruhestiftern ruhige Bürger leben, für ein paar Stunden einzuschließen? In die Besenkammer mit den Kindern, solange uns der hohe Herr die Ehre gibt. Eine Rede vor einem moderat zu sichernden Forum, wie es sie in argumentativeren Zeiten öfter gegeben hat, hätte der Straße, wie das genannt wird, weniger und der Würde des Präsidentenamtes mehr Bedeutung verschafft, als es das Besuchsprogramm Reagans im Juni getan hat. Jedoch, ein Abwägen, bei dem auch die Würde angemessen beachtet worden wäre, hat es nicht gegeben. Ihre etwaige Beschädigung blieb bei der Programmplanung unberücksichtigt, weil unerkannt. Von Anfang an wurde deutlich, sobald die Pläne der Politiker und Protokollabteilungen öffentlich bekannt wurden, daß ein Volksfest inszeniert werden sollte. *Auf*

freiem Grund mit freiem Volke stehen: der peinliche
Unterschied, der unter den heutigen Gegebenheiten
zwangsläufig zwischen einer solchen Versammlung
und ihrer polizeilich geprägten *Darstellung* besteht, ist
aus dem Bewußtsein auch des pluralistischen Systems
inzwischen entschwunden. Republikanische Würde,
die nicht nur an Vorspiegelungen Schaden nimmt,
sondern auch an den Sicherheitsmaßnahmen über
ganze Stadtbezirke hin, durch die sogar die Vorspiegelungen erst ermöglicht werden – Würde, diese einstige
Bemühung, Inhalt und Form zu verbinden, findet in
den modernen Inszenierungen von Demokratie keine
selbstverständliche Berücksichtigung mehr. Sie war
niemals leicht zu gewinnen, zeigte sich selten vollendet, galt jedoch als jeder Anstrengung wert. Was soll
man ihr nachrufen? Es ginge im Spektakel unter.
Freilich müssen die Westberliner, die zu Ronald und
Nancy Reagan geladen waren, sich nicht nachträglich
grämen. Dem höheren Zweck der Darstellung haben
sie getreulich und musterhaft gedient. Denn was sich
abspielte, zielte weniger auf den Effekt in Berlin als auf
den in den Vereinigten Staaten von Amerika. Dort, zu
Hause, war Präsident Reagan in jenem Sommer weithin seiner Popularität verlustig gegangen, hatte er seine
Rolle als besondere Figur fast verloren. Die sachlichen
Gründe dafür waren schwer aus der Welt zu schaffen,
aber der Eindruck eines gelungenen öffentlichen Auf-
tritts konnte sie überstrahlen. Und blendender ist im
Westen kaum eine politische Bühne als die in Berlin
(West). Um die volle Wirkung zu erzielen, durfte
allerdings das Besuchsprogramm nicht in einer
Ansprache in einem beliebigen Saal gipfeln. Das wäre

nach modernem Verständnis nichtssagend gewesen. Die staatsbürgerlichen Zuschauer in den USA – per Direktübertragung im Fernsehen – hätten das am Ende verwechseln können mit einem gewöhnlichen Dinner-Speech in Milwaukee oder Berlin (Ohio). Alles Symbolische mußte ins Bild. So getimed in Berlin (Deutschland), daß Präsident Reagan den Mund zum Sprechen öffnete – vor dem etwas ferneren Hintergrund des Brandenburger Tors, hart an der Grenze zu Ostberlin, und einer nahen, niedrigen Sperrholzwand, deren blaue Farbe die technische Fernsehqualität fördert –, als das Frühstücksfernsehen in Amerika seine alltägliche höchste Einschaltquote erreichte. Fein gesponnen ist oft, was wie grobschlächtige Politik erscheint. Die Begleiterscheinungen des Besuchs, seine Nebenwirkungen in der Stadt wurden in dieser Sendung nicht sichtbar. Was später darüber allenfalls noch in den USA berichtet wurde, fiel bereits wieder der freundlich gähnenden Gleichgültigkeit anheim, mit der das große Land, das sich weithin selbst genug ist, der kleinen Welt, so fern von Milwaukee und Berlin (Ohio), normalerweise begegnet. Die Darstellung vor dem Brandenburger Tor, neben dem Reichstag, war für den Augenschein eine makellose Realität. Reizvoll ist zu reflektieren, welche Doppelrolle die ausgesuchten Westberliner, die dabei zugegen waren, übernommen hatten. Da vor allem eine Wirkung in Amerika beabsichtigt war, kann man sagen: Die übliche Funktion der Menge in der dargestellten Demokratie erfüllten die Westberliner an jenem Juni-Tag zweimal; für die amerikanische Menschenmenge, die eigentlich gemeint war, stellvertretend mit; Statisten, die Statisten ersetzten. Das vermag die Symbolkraft einer Stadt wie Berlin.

Es gibt jedoch keinen Grund, wegen der Art des Besuchs, die schließlich auch nur die heute gängige war, über allem schwer zu werden, einer verlorenen Würde und Selbstachtung nachzutrauern. Dank den direkt, lebendfrisch übertragenen Rundfunk- und Fernsehberichten von Westberliner Stationen fürs deutsche Publikum war der Aufenthalt von Ronald und Nancy Reagan immer wieder auch von herrlichster Komik. Was im folgenden davon zitiert wird, bleibt als geschriebenes Wort blaß, weil ihm die hörbare Verlegenheit fehlt, mit der die Reporter den richtigen Ton suchten. Sie hatten es schwer. Nicht nur, daß an sich wenig zu berichten war: die Fahrt der Gäste vom Flughafen über drei Stationen in der abgesperrten Stadt – Schloß Bellevue, Reichstag, Rednertribüne vor dem Brandenburger Tor – zum Flughafen zurück. Ihre Reden hielten Reagan und die weiteren zu Ansprachen zugelassenen Politiker selber. Was sollten die Journalisten viel sagen? Für die von Musikeinblendungen zwar unterbrochenen, aber selbst dann noch erschöpfend langen Wortsendungen im Radio waren, was die Dauer der Direktübertragung betrifft, keine journalistischen Erfordernisse maßgebend. Es handelte sich vielmehr um eine Huldigung, die ihre Tiefe in Sendeminuten nachwies.

Vor allem aber: welchen Ton anschlagen? Die Reporter wechselten zwischen Flapsigkeit, die ihnen wohl die Einsicht in ihre Rolle bei diesem Spiel in den Mund legte; gelegentlicher Sentimentalität; milder Aufmüpfigkeit gegen amerikanische Kollegen, die vom US-

Protokoll – wegen des Zwecks der ganzen Sache – technisch bevorzugt wurden; und Ansätzen zu historischer Bedeutsamkeit. Der letztgenannte Zungenschlag ist bei Direkt-Berichterstattern, die nicht unter Redezwang leiden, beliebt. Die öffentlichen Begräbnisse großer Persönlichkeiten zum Beispiel lassen sich von ihm gut begleiten. Der Zungenschlag der Ergriffenheit, historischer oder allgemein menschlicher, ermöglicht am Mikrofon ein Tremolo, das ausklingen muß, also längere Pausen im Sprechen zuläßt, falls man sie mangels Berichtsmasse braucht. Aber er allein konnte Reagans Besuch nicht umschmeicheln. Von allen Gründen abgesehen, die historische Gefühle an der vollen Entfaltung hinderten – die Gewöhnung an solche Besuche etwa –, gab es auch ein professionelles Motiv, die Reporterstimme nicht ausschließlich mit Geschichte aufzuladen: Wegen der Live-Übertragung hätte die historische Stunde immerhin fast 240 Minuten gedauert. Vier Stunden Geschichte aber zehren am Wortschatz.

Ein paarmal meldete sich zwischendurch guter, alter Journalismus zu Wort: dann, wenn jene Reporter, die nicht das Kaiserpaar begleiteten, von anderen Straßen, Plätzen und von öffentlichen Verkehrsmitteln Westberlins berichteten. Die Öffentlichkeit, die sie herstellten, sprengte den Rahmen der Inszenierung.

Die Chronik verharrt am späten Vormittag des 12. Juni. Ronald und Nancy Reagan sind aus den Schönheiten Venedigs, der Stadt der Kanäle und Gondeln, in Berlin (West) eingeschwebt; ihr Flugzeug ist in Tempelhof gelandet. Das Wetter ist, wie im ganzen Sommer in Deutschland, nicht der Rede wert. Von nun an müßte über die nächsten vier Stunden in einem Film mit vielen Überblendungen berichtet werden. Mit harten und sprunghaften Schnitten wären die einzelnen Vorgänge aneinanderzureihen und immer wieder in sinnbetäubenden Überlagerungen zusammenzufassen, damit der Betrachter schließlich in jene Fassungslosigkeit geraten würde, die diesem Tag in Westberlin allein gerecht wird.

Der Präsident im Reichstag beim Händeschütteln mit Trümmerfrauen, sechs jener alten Frauen, die nach dem Krieg ihr erstes dürftiges Auskommen beim Schutträumen in Berlin fanden und von denen die meisten auch später über das Mühen und Rechnen und Zurückstecken nicht hinauskamen. Das Bild verschwimmt, die Gesichter der alten Frauen lösen sich auf, bleiben für einen verdämmernden Augenblick noch auf der Netzhaut des Zuschauers hängen – und im jähen Lichtwechsel ist nun wieder Präsident Reagan zu sehen, bei der nächsten Programmnummer seines Besuchs. Er spricht vor dem Brandenburger Tor und der blauen Fernsehwand: »Wo einst Bedarf bestand, herrscht heute Fülle: Lebensmittel, Kleider, Autos, die wunderbare Warenwelt auf dem Kudamm.«

Weit schwenkt die Kamera über Westberlin, hält am Wittenbergplatz, wo die Westberliner Polizei den beim Reichstag weilenden Gast schützt. Ein Reporter sagt, was er sieht: »Zwei Beispiele: Typ, Mitte Zwanzig, eher hippiemäßig drauf, hat ein weißes Steinchen gefunden, so fürs Blumenbeet zu Hause. Muß sofort sich einer Kontrolle unterziehen, wird an die Wand gestellt, Arme hoch, Beine auseinander, Schuhe aus, Hose aufknüpfen und und und, Stein wird abgenommen, und ihm wird erklärt: Platzverbot bis auf weiteres. Ein anderes Beispiel: Ein Typ, eher etwas schrägschrill, aber immer noch so, daß er in jeder Sparkassenfiliale beschäftigt werden könnte, will mit seinem Fahrrad den Platz überqueren: anhalten, absteigen, Beine auseinander, Arme hoch, und auch ihm wird erklärt: Versammlungsverbot, ›Räumen Sie den Platz‹.« Die Stimme des Reporters wird überlagert und schließlich verdrängt von der des Bundeskanzlers, die Kamera fährt zurück zur Rednertribüne am Reichstag, auf der Helmut Kohl den Gast begrüßt und ihm erklärt: »Ihre Menschen (die Westberlins) können sich frei bewegen ...«

In kurzen Schnitten, die im Tempo sich steigern, würde der Film Westberliner Szenen von Polizeimaßnahmen, Momentaufnahmen von Konsequenzen dieser Maßnahmen zeigen. Jeweils dazwischen wären Bilder zu sehen von der letzten Besuchsstation Ronald und Nancy Reagans: der fröhlichen Geburtstagsfeier – Berlin ist 750 Jahre alt geworden – in einer großen Halle des Flughafens Tempelhof. Zweitausendfünfhundert Personen sind geladen, die eine Hälfte von ihnen Amerikaner, die andere Westberliner. Musikorchester spielen Operettenmelodien und Westernsongs. Markante Bauwerke der Stadt sind in Nachbildungen aus Pappmaché in der Halle aufgestellt: noch einmal das Brandenburger Tor, der Glockenturm des Schöneberger Rathauses. Unter der Decke hängen Tausende von Luftballons in den Staatsfarben der USA: blau, weiß und rot. Später sinken kleine Fallschirme in der Halle herab, an denen in einem Zellophantütchen ein Bonbon hängt, was nach der Absicht der Veranstalter daran erinnern soll, wie einst amerikanische *Rosinen-bomber* die Westsektoren Berlins während der Blokkade 1948/49 versorgten. Als Höhepunkt wird eine Geburtstagstorte im amerikanischen Stil in die Halle gefahren, auf der *Happy birthday* geschrieben steht.

Die schnelle und immer schnellere Bilderfolge von Aufnahmen aus der Stadt am Mittag und frühen Nachmittag des 12. Juni, unterbrochen von Kamerablicken auf die Geburtstagsfeier im Flughafen Tempelhof, hätte als Text die Berichte von Reportern, die auch in dieser Chronik hart aneinandergefügt werden: »Die U-Bahnlinie 1 zwischen Gleisdreieck und Schlesischem Tor verkehrt zur Zeit nicht. Die U-Bahnlinie 8 zwischen Wolterstraße und Hermannplatz verkehrt zur Zeit nicht... Auf unsere Anfrage teilt die Polizei mit, daß auch weiterhin in großen Teilen von Kreuzberg Verkehrsabsperrungen und Kontrollmaßnahmen durchgeführt werden.« – »Hier wird darauf gewartet, daß der Präsident die Halle betritt... Die Leute laufen hin und her und essen mal, und die trinken mal ein Bier, und die trinken auch mal 'ne Cola, essen dann wieder ein' Hamburger. Hier wird flaniert und wird gewartet.«

»In Kreuzberg ist so etwas wie ein Ausnahmezustand. Es gibt keinen BVG-Verkehr, weder Busse noch Bahnen. Das führt dazu, daß die Leute vor die U-Bahnhöfe kommen und dort eben geschlossene Tore und vielleicht noch Polizei finden, aber weiter nichts. Keine Hinweisschilder oder ähnliches. Da habe ich Mütter gesehen, die auf ihre Kinder warteten, die aus der Schule kommen sollten... Andere wollten raus aus Kreuzberg, mit einem kleinen Baby, das war auch nicht möglich.« – »Ein strahlend lächelnder amerikanischer Botschafter in der Bundesrepublik namens Richard Burt hält jetzt gerade in der großen Halle auf dem Flughafen Tempelhof die Begrüßungsworte für den amerikanischen Präsidenten. Es geht ziemlich locker zu... Es sind Fähnchen ausgegeben worden zum Freudeschwenken... Ein bißchen einsam sitzen da Herr Diepgen und Gattin.«

»Beim Autokontrollpunkt funktioniert das so: Wenn hier so ein alter Daimler kommt oder beispielsweise ein R 4, da wird gar nicht erst lange verhandelt, sondern er wird gleich zurückgeschickt... Es waren teilweise Leute, die konnten es nicht glauben, die wollten zur Arbeit. Jetzt sind hier gerade drei junge Mädchen, die auch nicht durchgelassen werden... Auf unsere Nachfrage, ob diese weitreichenden Maßnahmen auch der Verhältnismäßigkeit entsprächen, teilte der Polizeisprecher mit, Zitatanfang: Wenn ein Bürger meint, daß die Maßnahmen unverhältnismäßig seien, muß er eine Klage einreichen. Zitatende. Der gesamte Autoverkehr raus aus Kreuzberg wird kontrolliert. Wer den Beamten irgendwie demonstrationsverdächtig erscheint, wird rausgewinkt, darf umkehren. Genauso ist es mit den Fußgängern.« – »In der großen Halle des Flughafens Tempelhof regnen immer noch Luftballons und Bonbons hernieder.«

»Ja, Veränderung der Lage... Kreuzberg kann wieder in beiden Richtungen von allen Leuten betreten und befahren werden. Die Polizei ist auch zum Teil abgerückt.« – »Der Präsident wird sich nun langsam zu seiner Air-Force-Maschine begeben, um Berlin wieder zu verlassen.« – »Die Polizei ist zum Teil hier noch an der Kottbuser Brücke... Ein Radfahrer fuhr vorbei, der hatte so 'ne weiße Jacke an, da stand hinten drauf: Wer ist Ronald Reagan?«

*

Schlußbild. Ausblenden. Alle Zitate wörtlich aus den Originalen, wenn auch gekürzt; das aus Reagans Rede nach der offiziellen Übersetzung. Von den Stationen des schließlich doch beinahe viereinhalbstündigen Besuchs hätte der Film, wie er skizziert wurde, nur die Visite ausgelassen, die Ronald und Nancy Reagan dem Bundespräsidenten und dessen Frau im Schloß Belle-vue abstatteten; auf dem Weg vom Flughafen zum Reichstag. Die Chronistenpflicht erwähnt hier den Stopp am Westberliner Amtssitz des Bonner Präsi-denten.

Von dieser Haltestelle abgesehen, wäre der Film in der Wiedergabe des Besuchsablaufs vollständig gewesen. Ganz falsch: es hätte sich bei ihm um eine bösartige Montage gehandelt. Widerspruch: das Bewußtsein von dem, was *wirklich vorging* am 12. Juni in Berlin (West), wäre umfassender von einem solchen Film geschaffen worden als von der üblichen Berichterstat-tung. Nur durch diesen Film hätte Einsicht gewonnen werden können in die *Realität hinter dem dargebote-nen Schein*. Widerspruch dagegen: Wohl nicht die ganze Realität, aber gewiß die einzige, die *wirkt*, drückte sich aus in der amerikanischen Verbundenheit mit der Stadt, die von Reagans Erscheinen erneuert, verlängert und bekräftigt wurde. Was sonst noch geschah, ist typisch für die Gegenwart, aber nicht von tatsächlichem politischem Gewicht. Frage darauf: Wann erreichen störende Begleiterscheinungen Divisionsstärke? Gegenfrage: Wie soll noch konkret Politik betrieben werden, wenn das – bestenfalls so zu benennende – Ungefaßte, Ungeordnete anders denn als Abweichlerproblem, das zum Sicherheitsrisiko werden kann, in Rechnung gestellt wird? Boshafter Einwurf dazu: Aber haben diesseits der Mauer die jüngsten Pfingstkrawalle in Ostberlin und die nun schon jahrelange Unruhe in Polen keinen Platz im politischen Kalkül? Und sind Abweichler dasselbe wie Dissidenten? Erwiderung: Dieser Vergleich verrät den, der ihn anstellt. Beide einander ins Wort fallend: Wann endlich entsteht ein Realitätssinn, der den Menschen angemessen handeln läßt? Wie vielschichtig und widersprüchlich darf vermittelte Realität sein, daß der Mensch noch handlungsfähig bleibt? Gegenseitig einer zum anderen, vorwurfsvoll: Ideologe.

Danach wieder der eine zum anderen: Ob er nicht aus den Direktübertragungen vom heutigen Ereignis in Rundfunk und Fernsehen ein paar Leckerbissen zur Hand habe? Dutzendweise, lautet zögernd die Antwort dessen, der sich mit Schaudern der Niederschrift von Vorträgen erinnert, die er aus dem Stehgreif gehalten hat. Aber er kann nicht widerstehen. Ein Bonbon journalistischer Sprachrealität wickelt er noch aus. Eintreffen der Reagans auf dem Flughafen Tempelhof. Das Präsidentenpaar verläßt das Flugzeug. Reporter: »Der Präsident immer höflich ein Stüfchen hinter seiner Gattin, die übrigens zweireihig, also auch völlig im Trend, die Treppe herunterkommt.« Gemeint war bei Nancy, die dem Wortlaut nach, wie auch immer, zweireihig ging, die Knöpfung ihres – marineblauen – Jacketts.

Für das nach Sparten geteilte Bewußtsein – Reagans Besuch im politischen Teil, die Kreuzberger Krawalle im Fach für Polizeiberichte oder, allenfalls, unbegreifliche Zeitphänomene – endet der 12. Juni befriedigend. Der Präsident der USA hat in seiner Rede den Westberlinern geschmeichelt, den Ostblock angeprangert und leicht faßliche Vorschläge für künftige Veranstaltungen in der Stadt gemacht. Die Polizei ist mit ihren Absperrungen möglicherweise etwas zu weit gegangen, blieb aber stets Herr des Geschehens. Eine für Freitagvormittag beantragte Demonstration war kurzfristig verboten worden, woraufhin die Polizei Kreuzberg abriegelte. Ein halbes Jahr später werden Reagans Anregungen, soweit sie konkretisiert werden können, in Form einer Note der drei Westalliierten auf mittlerer diplomatischer Ebene an die Sowjetunion herangetragen: West- wie Ostberlin sollen gemeinsam ein *Luftkreuz* werden, einfacher gesagt: Der Luftverkehr soll ausgeweitet werden. Das ist so neu, wie etwas sein kann, das schon fünfzehn Jahre früher, im Mai 1972, in einem Protokollvermerk der beiden deutschen Staaten, beim Abschluß ihres Verkehrsvertrags, in aller Form als Absicht vereinbart worden ist: ». . . die Zusammenarbeit auf dem Gebiet des Luftverkehrs zu entwikkeln«. Es ist möglich, daß derzeit die Aussichten für das bejahrte Vorhaben politisch günstiger sind als in der vergangenen Zeit. Was der Präsident sonst noch vorschlug, gehörte zum Repertoire von Landesparteitagen aller Westberliner Parteien, seitdem Berlin (West) nach dem Verlust seiner Frontstadtrolle eine neue hervorgehobene Funktion sucht: Drehscheibe, so sagt man gern, zwischen West und Ost für Politik, Wirtschaft, Kultur, Sport und Mode zu werden. West- und Ostberlin, so meinte Reagan, könnten der gemeinsame Tagungsort internationaler Konferenzen sein. Warum nicht – falls alles Wichtigere zwischen West und Ost zuverlässig funktioniert?

In einer Sache wagte sich der Gast weit vor auf schwieriges Gelände. Kenner der Materie mögen zusammengezuckt sein, als er die Hoffnung äußerte, daß »in Ostberlin eine entsprechende Stelle gefunden werden kann, die Besuche junger Menschen aus den Westsektoren ausweitet«. Würde der Präsident hierin von der Regierung der DDR beim Wort genommen, so hätten die westlichen Experten viel zu interpretieren, damit Reagans Text nicht als Aufforderung zu einem Vertragsabschluß über Jugendaustausch zwischen der DDR und Westberlin als einer *selbständigen politischen Einheit* genutzt werden könnte – einem sehnlichen Verlangen der Ostberliner Führung. Aber da die Politiker der DDR auch in der Außenpolitik eher altbacken sind, konservativ in ihren Methoden, und das – politisch bedeutsame – Reiseprogramm ihres Spitzenmannes nicht durch boshafte Wortklauberei gefährden wollen, wird diese Passage in der Rede des Präsidenten wohl ohne solche Folgen bleiben.

Der Höhepunkt der Ansprache Reagans war sein Vorschlag, die »Olympischen Spiele (in naher Zukunft) hier in Berlin, im Osten und im Westen, abzuhalten«. Es gibt Einfälle von einer Machart, die nicht einmal dann als phantasievoller, förderlicher Anstoß einer Entwicklung gelten dürfen, wenn tatsächlich zu irgendeiner Zeit das, was sie propagierten, eintreten sollte. Die politische Schaumschlägerei würde eine ihrer letzten Bremsen verlieren, wenn man sich mit ihr auch noch Nachruhm als Prophet einhandeln könnte. Reagans olympische Idee vom 12. Juni mittags ist unverkennbar das Ergebnis einer Sitzung von Mitarbeitern, auf der verlangt worden war, für die Rede des Chefs noch etwas Zündendes zu finden; möglichst etwas, das man, wenn es zurückgewiesen wird, unbeachtet bleibt, der anderen Seite als Schandfleck aufdrücken kann. Ohne Frage eine brillante Einzelheit der Westberliner Inszenierung. Aber wissen möchte man doch, wer von der politischen Prominenz auf dem Podium – Kohl, Diepgen, Botschafter, Stadtkommandanten und andere Würdenträger – Feuer und Flamme war und wer ein professionelles Augurenlächeln unterdrückte, als Präsident Reagan über seinem Auftritt, auch im amerikanischen Frühstücksfernsehen, die olympische Fackel scheinen ließ.

*

Gegen halb fünf Uhr nachmittags fliegen Ronald und Nancy Reagan wieder ab. Die Westberliner Ordnungskräfte haben in der Innenstadt einen Kessel aus Polizisten in zwei dichten Reihen hintereinander gebildet, in dem sie ein paar hundert Demonstranten interniert halten. Reporter: »Es kommt niemand vom Breitscheidtplatz in Richtung Wittenbergplatz. Hier ist ein sozusagen luftleerer Raum geschaffen worden.« Aus dem Kessel wird nach einem Krankenwagen, nach ärztlicher Hilfe gerufen. Polizeifahrzeuge sind aufgefahren, um Festgenommene abtransportieren zu können: Von heute, Freitag, bis übermorgen, Sonntag, werden es 360 Männer und Frauen sein.

Einen Nachtrag zum 12. Juni gibt es im folgenden Monat. Mitte Juli wird bekannt, daß eine der Trümmerfrauen, die der Präsident im Reichstag begrüßt hatte, sich an der Türklinke ihrer Wohnung im Westberliner Bezirk Neukölln erhängt hat. Als wahrscheinlichstes Motiv für den Selbstmord gilt, daß die Sozialrentnerin einer Mieterhöhung ebenso ängstlich entgegensah, wie sie sich genierte, beim Sozialamt wegen Unterstützung nachzufragen. Ein Ausweg blieb. Eine Freundin der Toten berichtete: »Ich will da gar nicht hin, ich bin doch keine richtige Trümmerfrau, hat sie gesagt, als die Einladung zum Treffen mit Reagan kam. Es bedurfte einiger Überredungskünste, daß sie doch ging.« Aber sie hat dann die Rolle, die ihr übertragen war, brav gespielt. Ein Leben lang? Den Film noch einmal ansehen; die Stelle, an der die Gesichter der alten Frauen entschwinden, indes der Präsident zu seiner Rede eilt über die wunderbare Warenwelt auf dem Kudamm.

24. bis 28. Juni

Die Stadt – Ostberlin, Hauptstadt der DDR – verdient
die bereitwilligste Aufmerksamkeit. Von ihren klein-
bürgerlichen Rändern her, an denen die Wege der
Schrebergartenkolonien wie Rinnsale der städtischen
Ordnung in den Äckern versanden, da und dort ein
dreistöckiges Wohnhaus eingestreut: Denkmal einer
mißglückten Spekulation um die Jahrhundertwende,
als ein noch weiter ausgreifendes Wachsen der Reichshauptstadt erwartet wurde; über die zweit- und dritt-
rangigen Villenviertel hin (die erster Klasse liegen in
Westberlin), in denen Kleinfabrikanten, in ihren Verhältnissen wohlhabende Maurermeister mit eigenem
Bauhof, Werksingenieure und größere Kohlenhändler
nahe ihren Betrieben zuhause waren, besser gestellte
Gymnasiallehrer, mittlere Beamte, Prokuristen über
die Etagenwohnung hinausgelangten; an den ungeglie-
derten Stadtteilen vorbei, wo seit den zwanziger und
dreißiger Jahren würfelförmige Einfamilienhäuser,
Zeugnisse damaliger Modernität und mittelständisch
gehobener Siedlungslust, zwischen Obstgärten stehen,
die seit jener Zeit Bauerwartungsland sind, Erwartungen, vom Krieg vereitelt; an Reihenhäusern entlang,
mit denen Kommunalpolitiker und Stadtbauräte vor
fünfzig, sechzig Jahren ein soziales Zeichen gegen

Mietskasernen setzen wollten; durch kilometerlange und kilometerbreite Neubaugebiete hindurch, Plattenbauweise, kümmerlicher, mühsam erworbener Stolz eines armen Staates; in die eng bebauten Straßenzeilen hinein, mit Resten von kleinen Vorgärten zunächst, dann, näher zur Stadtmitte, alte Arbeiterquartiere, deren Toreingänge zu Hinterhöfen und Hinterhöfen und Hinterhöfen führen; das Zentrum schließlich.

Die Narben des Krieges bedecken den ganzen Körper der Stadt. Aber die Strukturen ihres Wachstums, ihre einstige gesellschaftliche Gliederung, sind erkennbar geblieben. Die Armut, im Vergleich zum protzigen Nachbarn Westberlin, hat bisher verhindert, daß – wie in bundesrepublikanischen Städten – ganze Straßenzüge, soweit sie die Bomben, das Feuer überdauerten, ihre soziale Herkunft hinter modischen Geschäftsfassaden verstecken, deren Eintönigkeit in ihrer Neonvielfalt liegt. Die Teilung Berlins hat Ostberlin zu einer einzigartigen Stadt gemacht: Alte Arbeiterkasernen gibt es beiderseits der Mauer; Westberlin hat den Wedding, Ostberlin den Prenzlauer Berg. Aber nur Westberlin kann eine Wohngegend wie Dahlem vorzeigen; Ostberlin besitzt in seinem Weichbild, gemäß der Entwicklung der ungeteilten Stadt seit den Gründerjahren im vorigen Jahrhundert, kein herkömmliches Oberschicht-Viertel. Dresden, Leipzig, Magdeburg leben, wie die ganze DDR, ohne die frühere Klasse des oberen Mittelstands und der Oberschicht: Deren Angehörige haben seit 1945 jenen Teil Deutschlands, aus dem die DDR geformt wurde, so gut wie vollständig verlassen. Aber diese Städte und alle anderen kennen noch ihre ehemals *feinen Adressen* in Parks und großen Gärten; alle Städte – außer Ostberlin, dem die Sektorengrenzen der vier Siegermächte solche nicht einräumten. Wollte die Geschichte witzig sein? Die Hauptstadt der DDR jedenfalls dokumentiert in Stein, daß die deutsche Teilung im Jahre 1949 nicht nur eine staatliche, sondern weithin auch eine soziale gewesen ist. Die inzwischen wieder eingetretene Auffächerung der Gesellschaft des anderen deutschen Staates verdeckt nur auf den ersten Blick, daß für das herangewachsene akademische, wirtschaftliche Leitungspersonal, für das politische ohnehin, der familiäre Weg zu den *kleinen Leuten* nach wie vor sehr kurz ist.

Die Ostberliner haben es immer noch schwer damit, ihre Stadt aus der armseligen Nachkriegszeit herauszuführen, obwohl die architektonische Selbstdarstellung des Staates die Hauptstadt unter allen Städten des Landes begünstigt – bis zum Ärgernis bei Sachsen, Thüringern und Mecklenburgern. Die Farben, die seit einem guten Jahrzehnt Straße um Straße auf die mit Gesimsen reich gegliederten Fassaden alter Wohnblöcke aufgetragen werden, sind von einer Qualität, die nur für zwei, drei Jahre dem Braunkohlenruß standhält, der sich aus den Heizungskaminen auf die Stadt senkt. Nach kurzer Pracht verblassen die frisch gestrichenen Häuser und passen sich wieder dem Grau der Nachbarstraßen an, in denen die Malerbrigaden noch nicht gewesen sind. Aber an manchen Tagen ist der märkische Himmel blau, die Sonne mild und müde, was den Farben der gerade renovierten Häuser, einem gelblich schimmernden Rosa, einem bläulichen Grün, zu einem sanften Leuchten verhilft.

Ostberlins Zentrum – ein aufgeschlagenes Buch. Zu

lesen ist, wie das Selbstverständnis des Regimes in den vergangenen zehn, fünfzehn Jahren die eigenen städtebaulichen Absichten mit den Zeugnissen einer anderen Vergangenheit zu verbinden trachtet. Ostberlin ist ein Testgelände für Vorurteile. Was wird im Kopf und Gemüt des Betrachters freigesetzt durch das, was er dort sieht? Er kann in Neubauten und Straßenzügen im Umkreis des Alexanderplatzes, im Palast der Republik, im Marx-Engels-Forum schräg unterhalb des Fernsehturms eine Gigantomanie erblicken, neben der die kargen Geschäftsauslagen und bröckelnden Fassaden in den Nebenstraßen nur um so mehr ins Auge stechen. Und weil der frühere Gendarmenmarkt, heute Platz der Akademie, mit dem Schinkelschen Schauspielhaus und den beiden Domen, dem französischen und dem deutschen, restauriert wurde; weil Unter den Linden das Denkmal des zweiten preußischen Friedrich zu Pferde wieder steht und neben dem Außenministerium der DDR schon seit einigen Jahren ein altes Standbild an den Reichsfreiherrn vom Stein erinnert – deshalb wird der eine Betrachter schlußfolgern, Deutschlands regierende Kommunisten hätten schließlich doch vor der Geschichte, wie er sie versteht, die Knie beugen müssen, kämen ohne den alten Fritz nicht ins staatliche Lot. Ein in neu aufgerichteten Monumenten vorweggenommener Sieg der bürgerlichen, national-liberalen Gesellschaft und Gesinnung.

Der andere Betrachter, der sich etwas darauf zugute hält, seiner Sache nicht zu sicher zu sein, freut sich am Rauchschen Reiterdenkmal des Fridericus rex Unter den Linden – bezweifelt jedoch, daß die SED auf dem gußeisernen Pferd nach einem bürgerlichen Canossa reiten wird. Auch er kann sein Unbehagen an den allzu breiten Straßen und Plätzen nicht abschütteln, die der Kahlschlag des Luftkriegs den kommunistischen Stadtplanern rund um den Alex ermöglicht hat. Magistralen sind entstanden, deren Großzügigkeit im Flächenverbrauch erkennen läßt, daß es in Ostberlin Spekulation mit Grund und Boden nicht gibt. Aber die Menschen wirken wie verloren auf ihnen. Der Weg von einer Straßenseite zur anderen ist ein Fußmarsch. Die Gegend lädt nicht zum Flanieren, sondern will in ihren Entfernungen überwunden werden. Dieser Besucher aber läßt sich über den Augenschein hinaus darauf ein, in Ostberlins Zentrum auch zwischen den Zeilen zu lesen; den Planern einen Kredit auf ihre gutartige Überzeugung hinter den Aufrißzeichnungen einzuräumen; nicht alles, was dabei mißglückte, um jeden Preis als Genugtuung zu empfinden, sondern auch als architektonischen Anlaß für eine bekümmerte Nachdenklichkeit, welchen gesellschaftlichen Vorhaben der alte Adam, die alte Eva offenkundig nicht gewachsen sind. Wer will, kann sehen, daß die Planer einer Utopie zuarbeiteten: *dem neuen Menschen* in einer weiträumigen, hellen Stadtlandschaft. Die Utopie ist unterfüttert mit sehr konkreten Erfahrungen und Sehnsüchten alter Arbeiterfunktionäre, die sich erinnerten an die dunklen Stuben und Kammern, in denen ihre Klasse das Leben fristete – und die nun, nach 1945, zur Macht gekommen waren in einem Teil Deutschlands. Daß der neue Mensch sich nicht zeigte und daß auch in Westdeutschland, wo man es mit ihm gleich gar nicht versuchte, Lehren aus dem Dasein in Hinterhöfen gezogen wurden (wobei die Architekten hier wie dort oft nur Ödnis aufbauten, die frösteln läßt) – macht das die Ostberliner Absichten schon schäbig?

Die Hauptstadt der DDR stellt ihre westdeutschen Gäste unversehens vor die Entscheidung, aufgeschlossen zu sein oder Anstoß zu nehmen. Beim Wandern durch die alten Straßen nahe dem Hackeschen Markt blättert man im Stadtführer und wird belehrt, daß in diesem Haus im November 1920 die KPD beschloß, mit der USPD zusammenzugehen. Eine Ecke weiter verkündet eine Gedenktafel, daß im Hofgebäude hinter dem Durchgang sechs Jahre lang, bis 1926, das Zentralkomitee der kommunistischen Partei seine Büros hatte. Was ist das nun? Eine nützliche Erinnerung an den proletarischen Teil der deutschen Geschichte, von dem in der Bundesrepublik wenig Aufhebens gemacht wird, oder nur ein weiterer Beleg für etwas unbehaglich Fremdartiges, dem man drüben oft zu begegnen meint?

*

Am Nachmittag des 24. Juni wurden es mehr und mehr Gruppen, die zwischen den Passanten im Ostberliner Zentrum durch eine besondere Zusammengehörigkeit auffielen. Die Männer und Frauen, viele junge unter ihnen, trugen Halstücher, beige-blaß oder lila, auf die gedruckt war: »Und ich will bei Euch wohnen.« Das war, Gott von dem Propheten Jeremia in den Mund gelegt, die Losung des Kirchentags der Evangelischen Kirche von Berlin-Brandenburg, der vom 24. bis zum 28. Juni in der Hauptstadt der Deutschen Demokratischen Republik begangen wurde.

Zum ersten Mal seit dem Bau der Mauer im Jahre 1961 wieder in Ostberlin. Der Tagungsort machte aus der brandenburgischen Regionalveranstaltung faktisch und der beispielhaften Bedeutung nach einen Gesamtkirchentag der Evangelischen Landeskirchen der DDR.

Als Teilnehmer für alle fünf Tage hatten sich 4100 Menschen angemeldet; über 500 Gäste kamen aus Westberlin, der Bundesrepublik Deutschland und anderen westlichen, östlichen oder neutralen Staaten; etwa 150 Journalisten wurden zur Berichterstattung akkreditiert; die *Aktuelle Kamera*, die Nachrichtensendung des Fernsehens der DDR, berichtete täglich über das kirchliche Ereignis. Die Gottesdienste und anderen kirchlichen Feiern; die Diskussionen in elf Arbeitsgruppen über religiöse, kirchliche, gesellschaftliche, politische Probleme; die dreihundert Vorträge, Konzerte und Ausstellungen, die mit dem Kirchentag verbunden waren: fast immer kamen mehr Menschen zusammen, als die Kirchen und Gemeindesäle faßten. Zum festlichen Abschluß am Sonntagnachmittag, 28. Juni, im Köpenicker Fußballstadion am Stadtrand Ostberlins, waren es fast 25000, die sich versammelten: zum gemeinsamen Beten, Singen – und Demonstrieren, wer sie sind und was sie wollen. Die evangelische Kirche hat in der Millionenstadt den Ton nicht bestimmt, aber fünf Tage lang hat sie *in aller Öffentlichkeit* den Mund gespitzt und kräftig gepfiffen.

Die Oberen waren vorher besorgt gewesen. Die der Kirche räumten das im vertrauten Kreis freimütig ein. Die des Staates verschlossen es nicht geradezu in ihrer Brust, hielten es aber – wie es in disziplinierten Apparaten üblich ist – in ihren kleinen Beschlußgremien verborgen und ließen ihre Bedenken am ehesten in dem Zögern erkennen, mit dem sie in den vorangegangenen Wochen und Monaten bestimmten Wünschen der Kirche zugestimmt hatten. Aber die kirchlichen Unterhändler, erfahrene Praktiker in den Lebensbedingungen der DDR und ihrer Führung, sind auch mit Andeutungen, leisen Hinweisen des Staatssekretariats für Kirchenfragen vertraut genug, um Besorgnisse der SED wahrnehmen zu können. Am längsten war über den Ort der Schlußveranstaltung des Kirchentags verhandelt worden: über eine Massenkundgebung unter freiem Himmel – und die Massen von einer anderen Autorität gerufen als der im Land herrschenden, mit anderen Erbauungsliedern auf den Lippen als den öffentlich gängigen. Und dies in der Hauptstadt. Mußten nicht die Vögel tot vom Himmel fallen? Wozu gab man sich her? Wie schnell konnte das staatliche Gewährenlassen diesmal zu einer Verpflichtung in der Zukunft werden, der sich das Regime nicht mehr würde entziehen können, ohne Schaden zu nehmen.

Aber auch die evangelischen Bischöfe, der Generalsuperintendent, der Konsistorialpräsident samt den Räten, auch sie erörterten bängliche Fragen und schlossen wohl manche Unwägbarkeit in ihre Nachtgebete ein. Wenn ihnen nun der Kirchentag aus dem Ruder laufen würde? Da gibt es bekenntnisfrohe junge Leute, die nicht immer wissen wollen, was der Kirche frommt. Die Aktivität, die möglicherweise von ihnen zu erwarten war, konnte die Ordnung der kirchlichen Gemeinden ebenso verletzen wie das Terrain gefährden, das von der bedachtsamen Kirchenleitung seit längerem schon der SED als kirchlicher Freiraum, mühsam genug, abgehandelt worden war.

Der lehrreiche Juni. In Ostberlin riskierten die Oberen der SED, der Staatspartei, und die der evangelischen Kirche etwas miteinander, was bei der Basis der einen wie der anderen nicht ohne Skepsis aufgenommen wurde.

*

Nicht nur das Spitzenpersonal der evangelischen Kirchen in der DDR erinnert sich, daß noch vor fünfzehn Jahren kein Gemeindemitglied von einem Kirchentag wie dem Ostberliner im Juni auch nur zu träumen gewagt hätte. Wer wollte denn Gott versuchen? Auch bodenständige Pastoren wissen noch, wie eingeschränkt der öffentliche Raum war, den die Kirche in der DDR besetzt hielt. Einige karitative Einrichtungen der Kirche waren dem Staat nützlich. Er nahm es hin, daß in kirchlichen Büros und auf Friedhöfen Menschen beschäftigt wurden, die wegen eines Ausreiseantrags ihren Arbeitsplatz verloren hatten. Viele Gemeindepfarrer sahen Anfang der siebziger Jahre mit Mißtrauen, zum Teil mit Unwillen, wie sich ihre Vorgesetzten in Diplomaten verwandelten, die im Umgang mit dem kommunistischen Staat nicht nur ein Ohr, auch Verständnis für das *Machbare*, für drei Viertel Entgegenkommen, ein Viertel Zurücknehmen, bewiesen: für jene Andeutungen und leisen Hinweise gegebenenfalls, auf die klug, geschmeidig zu reagieren, etwa bei der Vorbereitung eines Kirchentags oder auch nur eines widerborstigen Liederabends, manchen

Kirchgängern wie die Preisgabe des Lutherischen Standpunkts *Hier stehe ich, ich kann nicht anders* erschien. Daß die hohen Herren des Protestantismus den hohen Herren der SED durchaus mannhaft und prinzipienfest gegenübertraten, wie manche wundersamen Ergebnisse bekundeten, wurde in den Gemeinden kaum bezweifelt, wog aber an der Basis, wo der Verkehr mit den örtlichen Parteifunktionären rauher blieb, geringer als der wachsende Eindruck: Die da oben nehmen schon gemeinsame Verabredungen mit der anderen Seite als die Verwirklichung des jeweils Erörterten. Was sollte das denn werden: *Kirche im Sozialismus?* Ein Reisebüro für Bischöfe, Superintendenten und Konsistoriumsmitglieder, damit die inzwischen international anerkannte DDR auch auf kirchlichen Tagungen im westlichen Ausland vertreten sei? Es geht menschlich zu in der Kirche.

Dennoch war es schließlich die evangelische Kirche in ihrer Mehrheit, die seit Mitte der siebziger Jahre ihr Auskommen mit dem Regime suchte; erfolgreicher, wie der Ostberliner Kirchentag im Juni zeigte, als man zunächst hatte erwarten können. Zwei Umstände kamen dabei glücklich zusammen. Zum einen hatte die immer stärkere Beteiligung der DDR an der internationalen Politik, eine Folge der Entspannung in Europa, Konsequenzen auch für das innerstaatliche Klima im Lande. Soweit die SED unfähig war, darin einen Gewinn zu erkennen, mußte sie es doch als Preis für die äußere Anerkennung ihres Staates akzeptieren. Wo die Staatspartei meinte, die Machtfrage sei gestellt – durch ein Buch, durch eine Resolution von Schriftstellern, Schauspielern, Malern für einen Künstler, der keine Ruhe gab –, da reagierte sie mit Entschiedenheit und lange nachtragend. Aber was sie im jeweiligen Fall konkret administrierte, zielte, wann immer es ihr möglich erschien, auf eine schnelle Bereinigung: in den Westen mit dem Mann, der Frau. So verflüchtigte sich für die unbetroffenen Menschen im Land, also für die ganz überwiegende Mehrheit, nicht nur der Eindruck von unberechenbarer staatlicher Gewalt und Allgegenwärtigkeit – diese Machtmittel wurden auch tatsächlich, verglichen mit früheren Zeitläuften, weit weniger eingesetzt.

Was aufblühte, war die *Nischengesellschaft*, in der jeder, der wollte, seinen weithin staatsfreien Platz fand. Ein privates Leben, dessen soziale Absicherung um so höher veranschlagt wurde, je kritischer die wirtschaftliche Lage im Westen wurde, und in das ein trotziger Stolz auf die unter schwierigen Bedingungen erbrachten Leistungen verwoben war: keine neue nationale Identität, aber ein Staatsbewußtsein. Zum Kummer alter Kommunisten und mancher ideal gesinnter Pastoren verzichtete die SED im Lauf der Zeit auch mehr und mehr auf volkspädagogische Absichten im beliebtesten Massenmedium: Unterhaltung und Spielfilme im ersten Fernsehprogramm der DDR sind seit längerem ihrer Art nach von der bundesrepublikanischen Konkurrenz kaum noch zu unterscheiden. Limonade wetteifert mit Limonade. Eine relative Normalität – vom Mangel an Freizügigkeit abgesehen. Das blieb der Dorn im Fleisch.

Diese Entwicklung wurde zum anderen günstig dadurch ergänzt, daß die evangelische Kirche drüben, über zwanzig Jahre nach Gründung der beiden deutschen Staaten, sich bereitfand, die Deutsche Demokratische Republik vorbehaltlos als den Staat zu akzeptieren, in dem sie mit ihren Gläubigen zu existieren hat. Die katholische Kirche, in Mitteldeutschland an ein Dasein in der Diaspora gewöhnt, verharrte weiterhin in der Wagenburg, in die sie sich vor den Roten im Land zurückgezogen hatte. Die Protestanten zogen nicht nur ihre Schlüsse daraus, daß die westliche Staatenwelt samt der Bundesrepublik die DDR schließlich als eine Realität zur Kenntnis genommen hatte. Viele Pastoren und aktive Gemeindemitglieder entwickelten sympathisierendes Verständnis für den anderen, für ihren deutschen Staat. Da kamen viele Gründe zusammen; einige von ihnen führten auf die Vorsätze zurück, die Menschen mit der Fähigkeit zu einem Schuldbewußtsein im Jahre 1945, nach dem Ende des Nationalsozialismus, gefaßt hatten; andere hatten weniger mit der DDR als mit der Entwicklung der Bundesrepublik zu tun. Wichtig vor allem war, daß der tägliche Umgang mit Genossen der SED den Kommunismus in der Vorstellung der Männer und Frauen der evangelischen Kirche gänzlich *entdämonisiert* hatte. So gingen die irrationalen Bedrohungsängste verloren, die das herrschende westliche Bewußtsein in dieser Sache prägen und einen *totalitären Antikommunismus* erzeugen – von der Geistesart wie alles Totalitäre. Statt dessen wurde die Lehre nach der Einschätzung von Kirchenleuten ein ideologisch fixierter Versuch, in einem umfassenden Sinne Gerechtigkeit auf Erden herbeizuführen; eitel wie alles Menschenwerk, aber achtenswert. Die Kommunisten, mit denen man umging, gewannen menschliche Züge: Man lernte überzeugte wie laue Genossen kennen, Machtnutznießer und Menschen, die ihr Amt drückte, Mutige, Dumme, Feige, Kluge – des Herrgotts ganzen vertrauten Garten.

Aus Gesprächen läßt sich die Verstandes- und Gemütslage vieler Kirchenleute beschreiben: Zur Schuld der einstigen Kirche von Thron und Altar gehörte, daß sie mitgeholfen hat, den Arbeiterstand, dessen politische Überzeugungen und soziale Bedürfnisse aus der bürgerlichen Gesellschaft und deren Staat weithin auszuschließen; der politischen Linken keinen Platz in der nationalen Identität einzuräumen. Wohin das vom bürgerlichen Nationalismus über den Nationalsozialismus geführt hat – jeder geborstene Stein in Deutschlands Städten, die Grenze mitten im Land bezeugten es.

Der Begriff *Opfer des Faschismus*, in Westdeutschland ein Anlaß für den Verfassungsschutz, besonders wachsam zu sein, ist für viele engagierte Protestanten in der DDR ein Ehrentitel. Der Respekt, den sie ihm zollen, ist mit Schuldgefühlen über frühere Versäumnisse der bürgerlichen Kirche durchsetzt. Er ist eine Brücke zum Verständnis, zur Zuneigung gar für geschundene Kommunisten. Aus diesem Blickwinkel bot die Bundesrepublik in ihrer Restauration alter Kräfte und Strukturen keinen Grund, sich dem eigenen Staat länger zu entziehen. Was nach Gründung der DDR im Jahre 1949 noch eine Haltung von einzelnen Kirchenführern, oft selber Verfolgten unter den Nationalsozialisten, gewesen war und keine Regel inmitten der traditionell gebundenen Pastoren werden konnte, das war seit den siebziger Jahren in der bei Kriegsende halbwüchsigen Generation fast zum Gemeingut geworden. Es gab Ausnahmen: politisch, gesellschaftlich abstinente Pastoren und Gemeindemitglieder; spirituelle Gemüter auf der Grenze zwischen Eigenbrödelei und Fanatismus; und solche Geistliche, die an den gezielten Ungerechtigkeiten, mit denen das Regime seine Machtsicherung zu betreiben meint – verkürzte Ausbildungs- und Aufstiegschancen für bekennende Christen –, zerbrachen.

Ganz gewiß waren die alltäglichen Erfahrungen der Gemeindepfarrer mit den lokalen Funktionären der SED nicht so erhebend wie der beiderseitige Umgang weiter oben in der Hierarchie. Die örtlichen Genossen besaßen, wenn sie alt genug waren, Erinnerungen an die Kirche als Hort bürgerlicher Interessen, die feindselige Gefühle, mindestens mißtrauische, zurückgelassen hatten. Die jüngeren Parteisekretäre waren entsprechend geschult worden oder hielten sich, wenn sie in den Lehrjahren nicht aufgepaßt hatten, ohne jede historische und ideologische Erwägung an die Regel verantwortungsscheuer Bürokraten aller Systeme: nichts Neues versuchen. Die DDR ist, obwohl nach den Grundsätzen des sogenannten demokratischen Zentralismus verfaßt, ein Gemeinwesen mit vielen administrativen Zufälligkeiten beim – oft sehr langsamen – Absinken hochrangiger Beschlüsse auf untere Ebenen. Ob etwas geht und wie und wie schnell, das hängt nun einmal nicht zuletzt von den handelnden Personen ab, im guten wie im schlechten: auch im real existierenden Sozialismus. Politbüro hin, Politbüro her, auch Kreissekretäre haben ihre Nische. Immerhin, das Gespräch zwischen evangelischer Kirche und

Sozialistischer Einheitspartei kam allmählich auch in Kreisen und Bezirken in Gang. Aber es hatte auf diesen Etagen natürlich wenig von dem prickelnden Reiz von Macht aus der Nähe, von der professionellen Lust an politischer Praxis, wie sie sich für Kirchenvertreter auf Hauptstadt-Niveau dann und wann schon einstellen mochten. Der Mensch ist ein Sünder allzumal. Die Kirchenleitung widerstand jedoch, sie ließ sich nicht verführen. Wer wollte es ihr verargen, daß sie, hart wie die Verhandlungen oft waren, einigen intellektuellen Geschmack daran entwickelte, mit einem Funktionär wie Klaus Gysi, seit 1979 Staatssekretär für Kirchenfragen, das tägliche Brot des Abstimmens, der Suche nach Kompromissen zu brechen. Altkommunist Gysi, 1912 als Sohn eines jüdischen Arztes in Berlin geboren, ein zierlicher, witziger, philosophisch beschlagener Mann, nach dem Krieg unter anderem Leiter des Aufbau-Verlags und Kulturminister. Im Jahre 1973 der erste Botschafter der DDR in Italien, worüber er gern und mit sanfter Selbstverspottung erzählt, daß zu seinen schönsten Erinnerungen lange Gespräche mit römischen Prälaten gehören.

Ist es ironisch, daß es tonangebende, wegweisende Kirchenleute waren – also Menschen mit einer festen Gegenlehre –, die, stärker als andere Nischenbewohner, mit aufgeschlossenem Bewußtsein und ausgeprägter Bereitwilligkeit zu Staatsbürgern der DDR wurden? Außer den schon beschriebenen Gründen bestimmte manche von ihnen ein Empfinden, daß die im Westen propagierte Leistungsgesellschaft die Herrschaft von Menschen begünstige, die ihre Zukunft allein an ihren Ellenbogen befestigt haben, indes der weder zur Konkurrenz besonders begabte noch über sein und seiner Familie Auskommen hinaus gesellschaftlich interessierte Mensch in den Verhältnissen des Landes gar nicht so schlecht aufgehoben sei. Ein Scheitelpunkt bizarrer Tatsachen des real existierenden Lebens: Was der einen Seite, dem Regime der SED, mit den neuen gesellschaftlichen Bedingungen, vor allem in der sozialistisch beantworteten Besitzfrage des großen, mächtigen Eigentums, als der Ausgangspunkt für die Entwicklung eines *neuen Menschen* gilt, wird von der anderen Seite, so manchem führenden Protestanten, als ein – im Ansatz bekömmlicher, aber verbesserungsbedürftiger – Aufenthaltsort gerade für den schwachen, hinfälligen Menschen, für den *nach Mittelmaß* angesehen. Aber stets drückte der Dorn im Fleisch, die Ausreiseproblematik.

Mit der Zeit, Anfang der achtziger Jahre, gab es dann in Westdeutschland das Runzeln von Augenbrauen und hörbares Einatmen, wenn höhere Kirchenvertreter von drüben in hiesigen Podiumsdiskussionen ihren Standpunkt vortrugen: Der Schattenriß, diese Abbildung ohne Tiefe, Abstufungen, Zwischentöne und Perspektive, das Bild, das sich die westdeutsche Mehrheit von der DDR macht, verlor seine angenehme Eindeutigkeit. Die christlichen Herren und Damen aus dem anderen deutschen Staat waren nicht mehr ohne weiteres als Gesinnungsgenossen – Gibt es da kein weniger odioses Wort? Also: als Brüder und Schwestern im Geiste – gegen das dortige Regime zu vereinnahmen. Sie bestanden darauf, daß sie auch aus Deutschland kämen, freilich einem anderen, wenn sie nach Deutschland kamen, also in die Bundesrepublik. Sie sahen den Westen anders, als man es von ihnen, den Bedürftigen, erwarten konnte. Drogen, Jugendarbeitslosigkeit, Gewaltkriminalität, Armut im Reichtum verdunkelten in ihren Augen den Glanz der Freiheit. Manchmal konnte man argwöhnen, Kommunisten vor sich zu haben. Da die Kirchenleute so lange als Opfer des dortigen Regimes gegolten hatten (und es auch gewesen waren), gelangten sie in den tonangebenden bundesrepublikanischen Medien in den Genuß einer gewissen Schonung, obwohl dann und wann schon einmal Fragezeichen, leise kritisch, hinter ihre Haltung gesetzt wurden. Demnächst würde man andere Zeugen gegen die DDR brauchen als diese protestantischen Revisionisten. Es wurde wohl nicht zu Ende gedacht, aber was – instinktiv? – störte, war gewiß die *konkrete Vernunft* dieser Besucher von drüben. Wohin sollte das führen?

Diese evangelischen Staatsbürger der DDR verstanden ihre gesellschaftliche Mitwirkung in der kommunistisch regierten deutschen Republik, nachdem sie zu ihr nach christlichen Grundsätzen und unter pragmatischen Bedingungen bereit waren, von Anfang an als Auftrag, die Innenwelt der DDR zu verändern – zugunsten der DDR, nicht als ersten Schritt zu deren Auflösung. Was die fernere Zukunft der beiden deutschen Staaten, ihr späteres historisches Geschick betraf, so stand das für die engagierten Protestanten in den Sternen eines anderen Himmels als dessen, nach dem die Kirche trachtet. Die Leitplanken ihres nach wie vor mühsamen Wegs: mehr praktizierte Mündigkeit der Bürger und Bürgerinnen der DDR; Verdrängung der ritualisierten Öffentlichkeit, wie das Regime sie herstellt, durch eine realistische Zustandsbeschreibung, über die kritisch und selbstkritisch zu debattieren wäre; den Kopf aus der Nische stecken und mitwirken. Ein Programm, das zehn, fünfzehn Jahre früher einen so etablierten Staat wie die Bundesrepublik Deutschland, deren Establishment und seine Wähler irritiert hatte: durch Bürgerinitiativen und andere blanke Verweigerungen der herkömmlichen Spielregeln.

Der Dorn im Fleisch, die als Regel verweigerte Freizügigkeit: Die Kirche half, so gut sie konnte. Sie gab der staatlichen Obrigkeit unverdrossen Ratschläge, wie dieser Not abzuhelfen sei; wer von den Behörden nachhaltig drangsaliert wurde, seinen Arbeitsplatz verlor, weil er einen Antrag auf Ausreise gestellt hatte, fand weiterhin, soweit Plätze vorhanden waren, seinen vorübergehenden Unterschlupf im kirchlichen Apparat. Aber die Kirche propagierte diesen Ausweg nicht. Im Gegenteil: sie forderte die Menschen auf, zu bleiben und ihre Heimat wohnlicher zu machen. Das mußte auf Dauer ungehört verhallen, falls nicht die SED ihrerseits dem kirchlichen Gesellschaftsprogramm auch Gehör schenken würde. Im Hintergrund erhob das Gespenst des Revisionismus sein vom bitteren, bösen Streit gezeichnetes Haupt. Gar nicht verfing der kirchliche Aufruf, im Lande auszuharren, bei denen, die sich von ihrer Jugend, ihrer guten Ausbildung, ihrem Bedürfnis nach Selbstverwirklichung ohne hemmende gesellschaftliche Bindungen her dem Westen nicht nur gewachsen fühlten, sondern in ihm ihre wahre Heimat sahen. Und auch bei denen nicht, die sich wundgerieben hatten an den Schikanen, der Verantwortungsscheu der Behörden, die Besuchsreisen an Sterbebetten oder Kinderwiegen verhindert hatten. Die Kirche jedoch nahm sich beim Wort. Pastoren und andere kirchliche Bedienstete, die ihre Gemeinde ohne geprüfte, triftige Gründe für eine Übersiedlung verließen, finden nach einer verabredeten Regel in Westdeutschland zwei Jahre lang keine Beschäftigung im erlernten Beruf. Würde der Dorn sich lockern im Fleisch, wenn das auch – auf eine bestimmte Zeit – für Ärzte beispielsweise gelten würde?

Unter dem Dach der Kirche versammelten sich mehr und mehr Gruppen von Leuten, denen die Pastoren und Gemeinden einen Freiraum für ihre Ideen, ihre jugendliche Unbekümmertheit um Machtgrenzen, ihren ungegängelten Betätigungsdrang einräumten. Die Mitwirkung der SED, der Staatspartei, bestand, von gelegentlichen Ausnahmen abgesehen, in der zunehmenden Duldung solcher vom Staat nicht sanktionierten Organisationskerne. Das hatte zunächst eher mit Formen als mit Inhalten begonnen: Zur jungen Gemeinde fanden Halbwüchsige, denen der dort geübte Diskussionsstil spannender zu sein schien als jener in der staatlichen Nachwuchsorganisation. Vorsichtshalber führt bei der FDJ jede Debatte noch am selben Abend zum Sieg der kommunistischen Lehre. Bei den Pastoren gewinnt schließlich auch immer derselbe, der Dreieinige, aber dieser Nachweis mußte nicht jedesmal erbracht werden, sondern konnte ein paar Diskussionsrunden auf sich warten lassen. Später kamen Inhalte unter die Obhut der Kirche: Friedensinitiativen über den staatlichen Rahmen hinaus,

Umweltschutz, Minderheitenrechte. Die Podien in Gemeindesälen wurden zur Bühne für Sänger, Poeten, Schriftsteller, die dem Staat mißliebig waren.

Nicht alle, die nun zur Kirche gingen, waren den frommen Christen ein Wohlgefallen: Da entfaltete sich eine Aktivität, die mit dem Schutz der Kirche viel, mit deren Glauben aber nur bedingt zu tun hatte. Das Ziel der Kirchenleitung war klar. Der Juni-Chronist hat es in einem anderen Buch so beschrieben: Im Gespräch mit der SED halbwegs verläßliche Regeln für eine begrenzte Öffentlichkeit abweichender Meinungen innerhalb des von der DDR gesetzten Rahmens zu suchen. Das Einfache, das schwer zu machen ist. Die Lage wurde um so komplizierter, je mehr relative Öffentlichkeitsmacht der evangelischen Kirche aus der dem konservativen Lande ungewohnten Alternativ-Szene unter ihrem Dach zuwuchs. Nun mußte, solange es gehen würde, die Balance von den Vernünftigen in Kirche und Staatspartei gehalten werden zwischen Ungeduldigen, Irritierten und Mißtrauischen – in Kirche und Staatspartei. Die westlichen Medien hatten mit Hilfe des sowjetischen Parteiführers Gorbatschow ein neues Schlagwort in Besitz genommen, das bundesrepublikanische Fernsehen sprach jetzt russisch: *Glasnost*. Begierig, die moderne Meßlatte an jedes staatliche Knie östlich der Elbe zu legen, entging vielen Beobachtern, daß in der DDR faktisch, nicht postuliert, schon viel mehr *Öffentlichkeit nicht von Staats wegen* entstanden war als etwa in der Sowjetunion. Der Ostberliner Evangelische Kirchentag samt seinen aufbegehrenden jüngeren Leuten zum Beispiel. Zwischenbilanz: Das Unvermeidliche jeder realitätsbe-

zogenen Politik ereilte, natürlich, auch die entsprechenden Bemühungen der evangelischen Kirche im
anderen deutschen Staat. Wer derlei konsequent, nicht
als vorübergehende Mode, betreibt, verliert die
Freunde und Anhänger, mit denen er die Illusionen
geteilt hat. Er gewinnt sachlich keine neuen; denn die,
mit denen er sich der Realität halber einläßt, kommen
von einem ganz anderen Ufer und sind nur Partner im
Kompromiß. Vielleicht kann im Laufe der Zeit aus
dem Respekt vor der erprobten Zuverlässigkeit des
Partners ein Gefühl der Zuneigung entstehen, das nicht
alles, was verlorenging, ersetzen würde. Bitter genug,
ist das immer erst nur die halbe Wahrheit über die
Bürde, die man sich mit einer realistischen Politik
auflädt. Hinzu kommt noch, daß nicht nur Kompro-
misse zerbrechen können, sondern, viel quälender,
gerade der Erfolg solcher Politik neue Illusionen
weckt. Der politische Realitätssinn ist ungesellig. Man
strebt von ihm fort.

*

Schon bei den Eröffnungsgottesdiensten des Ostberliner Kirchentags, am Abend des 24. Juni, meldeten sich
die Ungeordneten zu Wort. In der Marienkirche,
einem Backsteinbau aus dem Ende des 14. Jahrhunderts, vom Palast der Republik durch die Spree
getrennt, zogen sie den Mittelgang zwischen den voll-
besetzten Bänken hinunter und entrollten ein Transpa-
rent mit der trotzigen Selbstbezichtigung: *Kirchentag
von unten.* Die Bestimmung eines Standorts, an dem
Öffnungsbedürfnis ebenso versammelt ist wie elitäre

Selbstdarstellung, die zwar basisdemokratisch einher-
kommt, aber durch spezifische Umgangsformen einfache, altmodische Gemüter, die auch eine Last zu tragen haben, verunsichert, erschreckt. Nichts Neues
unter der Sonne. In der Erlöserkirche im Bezirk Lich-
tenberg, einer Stadtlandschaft aus frühindustriellen
Zeugnissen, älteren Gartenhäusern des unteren Mittelstands und dem größten Ostberliner Neubaugebiet
Marzahn, sagte der Geistliche zum Auftakt des Kirchentags selbstkritisch an diesem Abend: »Ich weiß,
daß das Gespräch unter uns oft abbricht, daß es uns
schwerfällt, unsere Nächsten so anzunehmen, wie sie
nun einmal sind. Den ›Kirchentag von unten‹ hätten
wir nicht, wenn das brüderlich-schwesterliche
Gespräch nicht abgebrochen wäre. Die vielzitierten
und noch mehr kommentierten Spannungen zwischen
der Basis und der Leitung der Kirche beruhen ja im
Grunde darauf, daß wir nicht zusammenfinden.« Auf
Flugblättern verlangten die Männer und Frauen, im
Alter überwiegend zwischen zwanzig und dreißig,
genügend Tagungsräume für ihre Gruppen, um ihre
Themen diskutieren zu können: zu ihrer eigenen
Bewußtseinsbildung, aber auch als ein gut gemeintes
Ärgernis am Rande der kirchenamtlichen Veranstal-
tung; noch immer angelehnt an die Kirche, jedoch zur
Selbständigkeit entschlossen. Die Erziehung ver-
schlingt die Erzieher. Die Anhänger des Kirchentags
von unten zögerten nicht, ihre Alternative zu nennen,
falls ihnen die Räume verweigert werden sollten: die
Besetzung einer Kirche.
Spannungen zwischen oben und unten waren schon in
den Monaten vorher spürbar geworden. Die Kirchen-

leitung, besorgt um das Zustandekommen des Kirchentags in der Hauptstadt, hatte eine sogenannte Friedenswerkstatt zunächst abgesagt und später nur gezähmt durch kirchliche Aufsicht gestatten wollen. Diese Friedenswerkstatt war, nun schon im fünften Jahr, eine Art Meinungsbasar, auf dem – in einem großen Ostberliner Gemeindegarten – viele Gruppen an Informationsständen mit Zetteln und gezeichneten Plakaten ihre kritischen Auffassungen unter die Leute brachten: immer mit Ausfällen weit ins staatliche Meinungsmonopol hinein, bei denen die Überzeugungen von jugendlicher Lust an Attacken begleitet wurden. Absprachen zwischen den kirchlichen Ämtern und Staatsorganen für den bevorstehenden Kirchentag, organisatorische staatliche Hilfe, Großzügigkeit in der Berichterstattung – alles konnte gefährdet werden durch eine Unbedachtheit auf dem Basar, die von der SED als Vorwand oder auch mit aufrichtiger Empörung zu benutzen wäre, um den maßgeblichen Kirchentag in seinem vollen Ertrag zu beschneiden. Fünf engagierte junge Leute wurden wegen der angekündigten kirchlichen Gängelung der Friedenswerkstatt zum Kern einer innerkirchlichen Opposition, aus der sich bis zum Juni der Kirchentag von unten entwickelte. In einem Informationsblatt von Basisgruppen wurde eine Todesanzeige veröffentlicht: »Nach langer schwerer Krankheit verschied kürzlich im Alter von fünf Jahren die Friedenswerkstatt. Die Nachricht erreichte uns in Form einer ›konzeptionellen Überlegung‹. Das, was sich nach dieser Konzeption den Namen Friedenswerkstatt anmaßt, hat mit der in ihrem kurzen Leben von uns engagiert begleiteten teuren Toten offensichtlich nichts mehr zu tun.«

*

Das alte Lied: Erwachsene Leute in verantwortlichen Positionen haben sich – von höchst unterschiedlichen Ausgangspunkten – langsam, mißtrauisch aufeinander zu bewegt und im Laufe von Jahren einige gemeinsame Interessen entwickelt. Die Anstrengung beider Seiten, oft genug ein waghalsiger Vorstoß über die jeweilige eigene Linie hinaus, um Verständigung möglich zu machen, beginnt Früchte zu tragen. Und nun stehen andere auf, jüngere, derentwegen nicht zuletzt man die Mühen auf sich genommen hat, und sagen vorwurfsvoll, die Früchte seien Spalierobst, das unter der gärtnerischen Obhut viel von seinem natürlichen Aroma verloren habe. Wild müsse wachsen, was kräftig gedeihen solle. In dem Tonfall, der ausdrückt, es immer schon gewußt zu haben, wird von hinten, von da, wo man vor Zugluft sicher ist, eingeworfen, daß ja stets nach der ganzen Hand gegriffen werde, sobald einmal ein Finger gereicht worden sei. Das wird übrigens im Blick auf jene, die nach dem Wildwuchs Verlangen tragen, in beiden Lagern festgestellt, aus denen ein paar Obere sich vor Jahren auf den Weg zu Kompromissen gemacht haben. Und über die Mauer blickt der Nachbar herüber und ruft dazwischen. Alle haben recht. Nur die Kosten des Rechthabens sind unterschiedlich. Nach aller Erfahrung werden in zwanzig, dreißig Jahren die Jungen so sein, wie jetzt die Alten sind. Wenn es wie gewöhnlich geht, wenn es gutgeht, werden

manche von ihnen auch dann noch nicht in Gleichgültigkeit oder Resignation sich zu Hause fühlen, sondern
weiterhin nach Veränderung, Verbesserung trachten.
Genau auf die Weise, wie es die heute von ihnen gerade
deshalb angegriffenen Älteren versuchen, die im
Gegensatz zur Mehrheit noch immer engagiert sind:
vorsichtiger, pragmatischer, bedächtiger als jüngere.
Gebrannt. Also: flau, kompromißsüchtig, unentschie-
den. Kein Lied mehr auf den Lippen, das Klarheit
schafft. Statt dessen gedrechselte Kommuniqués über
eine Verständigung zwischen den beiden Seiten, mit
denen die notwendige Radikalität der eigenen Position
übertüncht und unterspült wird. Texte freilich, die
kleine, konkrete Fortschritte im Gefolge haben. Aber
wem kann das, außer den Älteren, genügen? Die Jüngeren haben keine Zeit zu verlieren. An dem Konflikt,
der hier in seiner ganzen Schlichtheit ausgedrückt ist,
kann intellektuell nur fesseln, daß seine Banalität nicht
imstande ist, seine stetige Wiederholung zu verhindern. Ein natürlich begrenzter Lebensabschnitt wird
immer aufs neue als die mit der jeweils eigenen Jugend
schließlich doch erreichte Ewigkeit der ungeschmäler-
ten, tatkräftigen Idealität empfunden. Der neue
Mensch, keine rasch verrinnende Phase, bevor das
mehr oder weniger maskierte Desengagement des alten
Adam, der alten Eva sein Gewohnheitsrecht fordert,
nicht die Wehmut erinnerungsfähiger Älterer – sondern endlich haltbar geworden. Jedesmal eine erstma-
lige Haltbarkeit. Ein Irrtum, regelmäßig wie die Jahreszeiten.
Gelegentlich gibt es – geistiger wie materieller wie
politischer Umstände halber – Ausnahmen von dieser

kreatürlichen Norm; aus unterschiedlichen Gründen. Nach dem vorigen Weltkrieg hat die nachwachsende Generation in Deutschland vor der Zeit einen Sinn für Pragmatismus entwickelt. Von dem aus führte dann für viele der nächstgelegene Weg zur Anpassung über den Opportunismus, der, obwohl er etwas ganz anderes ist, dem pragmatischen Verhalten zum Verwechseln ähnlich sehen kann. Auch die gegebenenfalls schnell tödliche Gefahr des Widerstands, der Auffälligkeit unter dem Nationalsozialismus, dem Stalinismus, hat dämpfend auf das Fassen jugendlich-radikaler Vorsätze zu öffentlichem Abweichlertum gewirkt – und wird es in künftigen vergleichbaren Fällen wieder tun. Wieso denn auch nicht? Wie schamlos, wie unmenschlich soll denn in relativ sicheren Zeiten die Erwartung, wie kühn der gebrechliche Mensch zu sein habe, noch formuliert werden? Die tiefste, die weiterwirkende Amoralität beginnt da, wo aus der Einsicht in die Hinfälligkeit, die Verführbarkeit des Menschen noch nachträglich eine Rechtfertigung wird, die Schuld und reuige Konsequenzen ausschließt, Leugnen akzeptiert und die Restauration des Hergebrachten für das einzig Bekömmliche, Zweckmäßige und Nützliche ansieht. Die Moral behauptet sich in der spannungsreichen Unlogik zwischen der bitteren Gewißheit von der menschlichen Unzulänglichkeit und dem dennoch immer wieder ansetzenden Versuch, diese zu überwinden. Von raren Ausnahmen abgesehen, sind im nationalsozialistischen Deutschland, im stalinistischen Osteuropa die Jungen wie die Alten gewesen: so unauffällig wie möglich oder in ihren geistigen Bedürfnissen vom Angebot des Regimes, bis hin zum emotionalen

Rausch, befriedigt. Staatlicher Terror hebt Alters-
unterschiede im politischen Verhalten weithin auf,
setzt die Jahreszeiten des Lebens außer Kraft.

Für die Zustandsbeschreibung von Deutschland im
Juni – hier: der Blick auf die DDR – ist der Vergleich
mit böseren Zeiten unabdingbar, wenn die gegenwärtigen Verhältnisse korrekt geschildert werden sollen.
Die Verhältnisse zum Beispiel, unter denen die opponierenden Gruppen unter dem Dach oder wenigstens
an der Seitenwand der Evangelischen Kirche in der
DDR agierten. Begonnen hatte die Abweichung vom
herrschenden Verhalten schon Ende der siebziger
Jahre, lange bevor die landläufige Vorstellung in der
Bundesrepublik vom Leben in der DDR auch nur
flüchtig davon berührt wurde. Leute steckten den
Kopf aus der Nische – und waren sich zunächst kaum
bewußt, daß sie es taten. Junge Männer und Frauen
entzogen sich immer ungenierter dem üblichen
Arbeitsalltag, durchbrachen die Rückwand ihrer
Nische und gründeten auf der grünen Wiese eine Aus-
steigerexistenz, genährt von handwerklichen Spezial-
fertigkeiten (manche Studierte darunter), beseligt von
ihrer Ungebundenheit. Der unbefangene Beobachter
konnte, ohne die Unterschiede aus dem Auge zu verlieren, Vergleiche mit dem Westen ziehen. Eltern neig-
ten nun öfter dazu, den Lehrstoff ihrer schulpflichti-
gen Kinder, wo er allzu einschichtig war, zu korrigie-
ren – so, daß aufmerksame Lehrer dies durchaus wahrnehmen konnten. Petitionen an die zuständigen Staatsorgane, eine in der Verfassung vorgesehene Kommunikation zwischen oben und unten, wurden zahlreicher
und veränderten sich teilweise von Bittschriften in

konkrete Forderungen; von den Anträgen auf Ausreise, unter Berufung auf die gesamteuropäische Konferenz von Helsinki, abgesehen, vor allem in Umweltfragen. Das Auftreten der Bürgerinnen und Bürger in den Ämtern wurde selbstbewußter. Private Kunstgalerien fanden ihr Auskommen. Die Hauptstadt stets der Provinz ein paar Schritte voraus.

Am schwierigsten blieb es – immer gemeint: nach den Schwierigkeiten, die Leute zu gewärtigen hatten, die auf ein Recht zur Ausreise pochten – für die Schriftsteller und Poeten in der DDR. Maler, Komponisten: die Staatspartei wurde großzügiger in ihrem Formgeschmack. Aber das gedruckte Wort, das Buch, die Erzählung, das Gedicht in einer Zeitschrift: das Mißtrauen der regierenden Kommunisten schlief nicht ein. Gewiß, auch auf diesem Gebiet gab es Lockerungen. Werke westlicher Autoren, die bis dahin in Universitätsbibliotheken unter Verschluß gehalten worden waren, kamen auf den gierigen Lesermarkt der DDR. Kleine, jedoch bedeutungsvolle Wiederauflagen von Büchern von DDR-Autoren wurden genehmigt oder solche, die zuerst im Westen erschienen waren, wurden, oft zur Überraschung ihrer Verfasser, zugelassen; manche Texte darunter, deren Veröffentlichung zehn Jahre früher, nach der geprüften Erfahrung der Literaten im anderen deutschen Staat, unvorstellbar gewesen wäre. Fand sich für Lesungen aus diesen Büchern kein anderes Auditorium, eins des Kulturbunds etwa, so war es jetzt, in den achtziger Jahren, ziemlich unangefochten möglich, in Gemeindesälen der Kirchen zu lesen; auch aus nichtgedruckten Manuskripten.

Aber grundsätzlich blieb die Fessel der Unberechenbarkeit, der verschleppten, mit Zensurstrichen versehenen oder schließlich doch verweigerten Genehmigungen erhalten; die Kette, an die das Regime die Literatur gelegt hat. Ein altmodischer Respekt der Kommunisten – der letzten Scholastiker, die Nebensätze wägen und Hauptsätze als Monumente ansehen – vor der Kraft des gedruckten Worts. Das genaue Gegenteil der Gelassenheit moderner westlicher Herrscher, die wissen, wie flüchtig auf dem freien Markt die Wörter sind, selbst die gedruckten, wie sie einander aus dem Licht der öffentlichen Beachtung drängeln, wie saisonal ihre allgemeine Bedeutung ist. Ein unwilliges Kompliment des politischen Systems der DDR für die Schriftsteller unter seiner Herrschaft: faktisch nichts anderes mehr als eine Last. Denn was bei Offenheit beider Seiten, unter Gleichrangigkeit der Argumente, ein fruchtbarer Dialog zwischen Lehre und Literatur sein könnte – in der Geistesgeschichte Europas kein unbekannter Austausch –, ist in der Praxis ein kleinmütiger, ängstlich rechthaberischer Verwaltungsakt der Parteiinstanzen geworden, den man, solange man mitspielen kann, mag und darf, am besten mit schlauen Kniffen unterläuft. Für mißliebige Schriftsteller hatte die SED schließlich in der Regel einen Reisepaß mit mehrjährigem Visum zur Hand, was einen Auslandsaufenthalt mit der Fiktion der späteren Rückkehr ermöglichte. Einige mußten den dornigen Weg der ertrotzten Ausbürgerung gehen. Nicht kleinlich war die Staatspartei im Laufe der Jahre mit der Genehmigung von Lesereisen im Westen, von Studiensemestern an amerikanischen Universitäten; auch dabei jedoch gab es bittere Verweigerungen.

Ein langes Gedächtnis bewahrten sich die Kulturfunktionäre der SED, setzten sie um in Schikanen gegenüber manche von denen, die im Jahr 1976 die Ausbürgerung des Poeten, Sängers und Gitarristen Biermann mit einer öffentlichen Resolution rückgängig zu machen versucht hatten. Der Künstler, in den Westen verbannt, interessierte die regierenden Kommunisten offenkundig ziemlich wenig. Die bundesrepublikanische Szene aus freischwebendem Linkssein, gesprenkelt von rechten Nutznießern der Schelte über den ersten konkreten sozialistischen Versuch auf deutschem Boden – dieser Teich, in dem der Ausgebürgerte ein Karpfen unter Karpfen war, genügte ihrer streng disziplinierten Definition dessen, was politisch sei, nicht. Jahre später, im Juni sozusagen, als Bewegungen wie der Kirchentag von unten in der DDR entstanden waren, erwiesen sich der Konservativismus der alten Männer im Ostberliner Politbüro und dessen bürokratische Verflachung auf den unteren Etagen der Partei als schweres Hemmnis für die Einsicht, daß in *relativ harmlosen Zeiten* gerade solche vagen, allumfassenden und nichts verbindlich besagenden Positionen, wie sie das westdeutsche Umfeld von so manchem aus der DDR Vertriebenen charakterisieren, der zeitgemäße Ausdruck von alternativen politischen Faktoren hüben wie drüben ist: vom Fernsehen nicht durchleuchtet, aber in blendendes Licht gesetzt.

Damals jedoch, nachdem Biermann im November 1976 die DDR hatte verlassen, aber nicht in sie zurückkehren dürfen, konnte man wahrnehmen, daß die höheren Funktionäre das weitere politische Geschick des Gemaßregelten dessen Selbstverschleiß überlassen wollten. Das war nicht dumm kalkuliert: Im über-schaubaren Kreis der *Kulturschaffenden* im anderen deutschen Staat, in dem alle eng nebeneinander sitzen, wo persönliche Vorlieben, Abneigungen und politi-sche Standpunkte sich durchdringen und – anders als im Westen – Ablenkungen von der Kreisbeschau durch öffentliches Agieren nur bedingt möglich sind, weil die Öffentlichkeit *direkt* reglementiert ist – in diesem Kreis, in dem jeder stets ein wenig mißtrauische Nach-rede des Nächsten zu ertragen hat, büßte der westliche Biermann von Interview zu Auftritt zu Interview, von Figaro hier und Figaro da an politischer Kronzeugen-schaft ein. Das politisch Ungefähre als politisches Pro-gramm erschien seinerzeit auch den nicht linientreuen, aber ideologisch gebildeten Schriftstellern, Schauspie-lern und anderen Künstlern, die sich für Biermanns Staatsbürgerschaft der DDR offen in die Schanze geschlagen hatten, nur für Gesang geeignet.

Für das, was die betroffenen Genossen der SED nach allem Anschein ernstlich beschäftigte, war das Schick-sal des singenden Lyrikers nur der Anlaß: das öffentli-che Abweichen namhafter Parteimitglieder von einem Beschluß der Parteileitung. Unterstützt wurden die Dissidenten von Gleichgesinnten im Land, die nicht einmal durch Prominenz einigermaßen geschützt waren. Mit ihnen sprang die SED grob um. Gegenüber manchen prominenten Abweichlern aber blieb die Haltung der Parteioberen merkwürdig diffus. Es gab Parteistrafen, die als moralische Verurteilung verstan-den werden sollen; Ausschlüsse aus Verbänden, womit materielle Nachteile verbunden sind. Schikanen, wenn es um ein Visum, eine Reise, öffentliches Auftreten ging, waren zu erkennen. Aber in Andeutungen hörte man auch von verschwiegenen Gesprächen, die ältere Kommunisten miteinander geführt hatten, hohe Funktionäre die einen, die anderen Literaten, die der mißliebigen Resolution gegen Biermanns Ausbürgerung ihren Namen geliehen hatten. Der außenstehende, aber nahe Beobachter konnte zu der Mutmaßung gelangen, daß viele Gefühle, die gewöhnlich verborgen bleiben, gerade unter den alten Genossen geweckt worden waren. Bis hin zum Neid von Regierenden, der Schikanen erzeugt, auf andere Kommunisten, mit anderen Funktionen in der Gesellschaft, die den Mund aufgemacht, öffentlich widerraten hatten? Nur die Stupidität vieler bourgeoiser Gemüter, deren Beschränktheit vom Klischee seelenloser kommunistischer Gewalthaber gesichert wird, kann solche Emotionen für gänzlich ausgeschlossen erklären: die deutsche Mauer in Berlin als Brett vor dem bürgerlichen Kopf.

Alte Kommunisten in der DDR wissen soviel voneinander. Eingetreten in den Dienst einer Lehre als davon außer Verfolgung, Ausgrenzung wenig zu erwarten war, haben sie nach blutigen, bitteren Jahren einen Teil Deutschlands überantwortet erhalten, in dem sie unter den widrigsten politischen wie ökonomischen Gegebenheiten eine positive Realität gestalten sollten. Weit haben sie es gebracht. Wie weit haben sie es gebracht? Ein Kapitel deutscher Geschichte und Geschichten, von Stiefkindern der herrschenden nationalen Identität, das in wenigen Jahren mit den letzten Beteiligten vergehen wird. Ungeschrieben: hüben wie drüben aus parteilichen Gründen; auf der einen Seite führen die Vorurteile ihr dummes Regiment, auf der anderen betrügen die zweckdienlichen Legenden die Täter, die fast alle auch einmal Opfer waren, um ihre menschlichen Züge.

Im Zirkel der noch Lebenden lauter Mitwisser: von Anpassungen, halbherzigen Widersprüchen, schmerzhaften Enttäuschungen, fehlgeleitetem Ehrgeiz, herrscherlicher Eitelkeit. Über Siege, die nicht so weit trugen, wie gläubig errechnet worden war. Vom Auseinanderleben alter Gefährten; bis in den roten Wedding der zwanziger Jahre, bis in das Spanien der dreißiger, bis in deutsche Zuchthäuser und Konzentrationslager der dreißiger und vierziger führen die Spuren zurück, Heldensagen und die Kehrseite der Medaille. Von unbestreitbaren Erfolgen, die dennoch mehr die einen als die anderen Genossen erwärmten; solche, für die aus Neigung wie Funktion das Praktikable zur Staatsraison wurde, und andere, die das real Existierende weiterhin an den verstohlen bewahrten Resten ihrer geträumten Absichten maßen. Vom Triumph der Bürokratie und geheucheltem Verständnis für sogenannte Notwendigkeiten. Von Fluchtwegen ins Ironische, von erworbener Blindheit und Korruption durch Privilegien. In einem Kreis Verfolgter und Geschundener, die den Menschen nicht nehmen wollten wie er ist, sondern ihn zu einem neuen machen. Das dröhnende Schweigen aller über die gemeinsame Erinnerung an die Stalinschen Jahrzehnte. Bitterkeiten, die einen leichten Schlaf haben, falls sie nicht von Disziplin erdrosselt worden sind.

Und dann nehmen sich einige aus dem Bunde die Freiheit heraus, stehen auf und widersprechen öffentlich. Leisten sich etwas, das der Sache, von der man schon lange nicht mehr wirklich geredet hat, nur schaden kann. Oder? Gönnen sich ihre eigene Wiederherstellung. Wieso die? Ohne Zweifel haben einige der Älteren, die mit ihrer Unterschrift sich eine Blöße gaben, dabei nicht nur das Aufenthaltsrecht Biermanns im Auge gehabt, sondern nach so vielen Jahren tätigen Mitwissertums auch ihre persönliche Bilanz ausgleichen wollen. Gespräche zwischen Hader und Selbsthader lagen damals in der Luft; einige sind wohl geführt worden. Immer wieder spürbar wurde in den folgenden Jahren das lange, nachtragende Gedächtnis, wie es nur die eigene Betroffenheit begründen kann.

Von ihren erklärten politischen Feinden haben die Kommunisten nie etwas anderes erwarten können als feindselige Nachrede. Aber gegen die alt gewordenen kehrt sich jetzt auch die Kälte der Jugend, mit der hinter dem jugendlichen Feuer unerbittlich darüber gewacht wird, daß keine Rückblicke die Aussichten beeinträchtigen. Von den unruhigen jungen Leuten, die nicht in den Westen übersiedeln, sondern in einer veränderten DDR leben wollen, wird der SED keine bewußt antisozialistische Position entgegengesetzt – was die jugendliche Gleichgültigkeit nicht gnädiger macht, die kein ahnungsvolles Verständnis für die Entwicklungsgeschichte, den Erziehungsroman derer zuläßt, die nun, wie es gesehen wird, als Bonzen und Bürokraten enden.

Die jungen Männer und Frauen, die in der evangelischen Kirche ihre Selbständigkeit vor staatlicher Bevormundung suchten, erhielten Ende der siebziger, Anfang der achtziger Jahre viel Zulauf von Menschen, die Angst vor dem nächsten Krieg in Europa, in Deutschland hatten. Für ein paar Jahre gab es eine sichtbare Parallelität zwischen der staatlichen Abrüstungskampagne der DDR und der Friedensbewegung im Umkreis der Kirche. Kaum je hatten die Nischenbewohner im anderen deutschen Staat mit einer Agitation ihres politischen Systems inhaltlich so übereingestimmt wie in der über einen Raketenabzug. Aus diesem Einklang erwuchs denen, die den Kopf aus der Nische steckten, ein mächtiger Auftrieb. Sie wurden in ihren Friedenswerkstätten, mit den Versuchen von Kerzen-Demonstrationen vor den Ostberliner Botschaften der beiden höchstgerüsteten Mächte USA und UdSSR, mit Ärmelaufnähern: *Schwerter zu Pflugscharen* immer merklicher ein Teil des öffentlichen Lebens. Gespräche in den späten achtziger Jahren erwiesen, daß in der DDR *das gesellschaftliche Sein dem allgemeinen Bewußtsein in der Entwicklung weit vorausgeeilt* war. Ein natürlicher Vorgang, der freilich, wenn er länger andauert, in der Regel mißliche politische Konsequenzen zeitigt. In ihrer Umtriebigkeit; im Aufspüren der Grenzen, die ihnen gesetzt blieben; auch in der spielerischen Lust, durch andeutungsvolle Telefonate untereinander über angeblich da oder dort beabsichtigte Aktionen den Staatssicherheitsdienst – in der Erwartung abgehört zu werden – spöttisch zu leimen; und in ihrer sie selbst so erschütternden Ernsthaftigkeit – über all diesem entwickelten die engagierten jungen Leute wenig Sinn, bewußt wahrzunehmen, daß sie einigermaßen unbehelligt Aktivitäten entfalteten, die nur fünfzehn Jahre früher in der DDR unvorstellbar gewesen waren. Die Bemühungen der evangelischen

Kirche, aus ihrem Freiraum begrenzter Öffentlichkeit zu einem stetigen – dem Gemeinwohl der DDR dienlichen – Dialog mit dem staatlichen Regime zu finden, die entsprechenden Veranstaltungen auf dem Ostberliner Kirchentag im Juni, das gleichgerichtete Auftrumpfen des Kirchentags von unten, entstammten gesellschaftlichen Emanzipationsbedürfnissen. Aber Inhalt, Umfang und vor allem die ziemliche Ungeniertheit dieser Bewegung bezeugten nicht, daß die Zustände in der DDR gänzlich unverändert verkrustet geblieben waren, sondern vielmehr, wie weit sich die realen Verhältnisse bereits geändert hatten. Im wärmenden Kreis der Basisgruppen, mit dem Selbstwertgefühl, das die praktizierte Alternative beschert, und auch durch die beharrliche Aufmerksamkeit westlicher Medien war in den jüngst vergangenen Jahren das Risiko der Auffälligkeit erträglich geworden. Das hat Drangsalierungen, Ängste und Mutlosigkeiten, die überwunden werden mußten, nicht ausgeschlossen. Aber der erstrebte Ausschlag der Waage, auf deren einer Schale die Versuchung zur Anpassung und auf deren anderer das Verlangen nach Selbstbestätigung lagen, war möglich geworden ohne kreatürliche Überforderung. Um es scharf einzureiben: Nicht nur Erich Honecker, zum Beispiel, hatte für seinen Widerstand (verhaftet 1935, zu zehn Jahren Zuchthaus verurteilt 1937) unvergleichlichen Mut aufwenden müssen, auch Wolfgang Harich, beispielsweise, brauchte ihn für seine politische Abweichung in der frühen DDR (1957 alternativlos zu zehn Jahren Zuchthaus verurteilt, nach sieben Jahren entlassen) – gemessen an der unbestreitbaren Courage der Mitwirkenden in Friedenswerkstätten, bei staatlich beargwöhnten Gesangsauftritten in Gemeindesälen und im Verfassen kritischer Texte zum Umweltschutz.

Dieser Unterschied – möge er beständig sein und groß, deutlich bleiben – ist so offenkundig wie die Tatsache, daß Regen von oben nach unten fällt. Aber darf er noch offen benannt werden? Selbst wenn hinzugefügt wird, daß die Polizeistaatlichkeit der DDR nicht bemäntelt werden soll – und allein der Betroffene weiß, wie schwer auch nur ein Tag im Gefängnis wiegt – und der Unterschied nichts besagt über notwendige gesellschaftliche Veränderungen: Schwächt nicht schon seine bloße Erwähnung die Geschlossenheit der Reihen, die jetzt allein oberste Pflicht ist? Wenige Monate nach dem hier beschriebenen Juni ist es in der DDR zum offenen Konflikt zwischen den Gruppen aus dem Seitenschiff der Kirche, Menschen, die für ihre Ausreise demonstrierten, und der Staatspartei gekommen. Das Echo im Westen auf den Gebrauch staatlicher Macht drüben war überwältigend. Was hat es überwältigt? Nicht auszuschließen ist seither, daß diese Juni-Chronik, soweit sie die DDR betrifft, über Nacht nicht länger ein Bericht über eine markante Station einer seit Jahren im Gange befindlichen, fortschreitenden Entwicklung ist: sondern ein Nachruf auf eine jäh unterbrochene, auf unbestimmte Zeit aufgehaltene Emanzipation. Aufgehalten wodurch und zu wessen Nutzen? Viel zu nüchterne Fragen. Vernunft ist unsolidarisch.

*

Die Gläubigen des Kirchentags von unten mußten ihre Drohung, gegebenenfalls eine Ostberliner Kirche zu besetzen, nicht wahrmachen. Die Amtskirche vermittelte ihnen die Benutzung des Gemeindehauses der Pfingst-Gemeinde in Friedrichshain; die dazugehörende Kirche blieb ihnen jedoch verschlossen, weil darin die katholisch-apostolische Gemeinde das Gastrecht besitzt und dies auch nicht vorübergehend mit den Abweichlern teilen wollte. Aber als am Freitagabend, 26. Juni, die Räume den Andrang von über 1000 Besuchern nicht mehr fassen, wird den alternativen Gruppen von der Leitung des geordneten Kirchentags zusätzlich die nahegelegene Galiläa-Kirche geöffnet. Vertreter westlicher Medien konzentrieren ihr Augenmerk auf die Diskussionen des Kirchentags von unten, den sie zutreffend das »größte vom Staat geduldete Alternativ-Treffen in der DDR« nennen. Eine Ausstellung von Fotografien aus der jüngeren Geschichte Berlins, auf der auch Bilder von Steinwürfen gegen sowjetische Panzer am 17. Juni 1953 und vom Mauerbau 1961 zu sehen waren, mußte nach zwei Tagen von den kirchlichen Veranstaltern geschlossen werden, nachdem eine bundesrepublikanische Zeitung demonstrativ über diese Fotos berichtet hatte.

Die jungen Leute informieren und debattieren in mehreren Arbeitsgruppen: Widerstand in Südafrika – Straf- und Arbeitsrecht in der DDR – Was ist eine solidarische Kirche? In einem provisorischen Café werden Westreisen diskutiert, Vergleiche gezogen. Im Ausschank: Nicaragua-Kaffee aus Spenden Westberliner Besucher. Später befinden einige der alternativen Kirchentägler, daß die Erörterung von Frauenfragen zu kurz gekommen sei, weil nicht genügend Frauen an der Vorbereitung beteiligt worden seien. Bessere Vorsätze werden gefaßt.

An der Wand eines der Räume, die der Kirchentag von unten füllt, verkündet ein Plakat: »Das Ziel der Anarchie ist ein Zustand ohne Ordnung.« Sehr präzise wird beim Fragen und Antworten, wie eine solidarische Kirche beschaffen sein müsse, der Amtskirche vorgerechnet: Die Zahl der Mitglieder der evangelischen Kirche von Berlin-Brandenburg ist von 1981 bis 1986 um 20 Prozent zurückgegangen – aber die Administration ist so groß wie vorher geblieben. In Mecklenburg werden allein 10,7 Prozent des kirchlichen Landeshaushalts für die Verwaltung der Kirchensteuerämter verbraucht. Am Sonnabendnachmittag, 27. Juni, diskutieren Kirchenleitung und Kirchentag von unten öffentlich. Die Alternativen haben dem Disput, der teilweise zum Tribunal wird, das witzige Motto gegeben: »Götterspeise«. Bischof Gottfried Forck beharrt darauf, daß auch die Oberen den Gemeindemitgliedern verbunden sind und deren Interessen wahrnehmen. Den Vorwurf, er und seinesgleichen seien »gute Hirten einer unmündigen Basis«, nennt er schlicht »radikalen Unsinn«. Das hitzige Mißtrauen der Männer und Frauen aus den halb schon abtrünnigen Gruppen artikuliert sich: »Wir sind in der Vergangenheit immer wieder totverhandelt worden.« Die mehrheitliche Stimmung der Versammelten manifestiert einen Alleinvertretungsanspruch für das, was der Basis frommt. Einige Zuhörer fröstelt. Punker, denen das Gequatsche zu lange gedauert hat, beginnen zu tanzen.

In einer der Veranstaltungen des Kirchentags von

unten wird mit Jesus-Zitaten der Nachweis versucht, daß der Religionsstifter über nicht mehr als fünfhundert Worte verfügt habe: eine Armut, an der abzulesen sei, daß er, ein Prolet, von unten gekommen ist. Er habe »Scheißhaus« gesagt, aber als »Abort« sei das in der Übersetzung geschönt worden. Gegenbeispiele aus dem Neuen Testament werden angeführt, verworfen. Ein Mann fragt, was denn unter der Solidargemeinschaft Jesu verstanden werde und was ein mündiger Mensch sei.

*

Wer in Kopf und Gemüt der alternativ gesinnten, zumeist jüngeren Menschen drüben hineinsehen könnte – was würde er entdecken? Wenn sie selber über drei, vier Eingangsantworten hinaus, bevor sie gewöhnlich ungeduldig werden und ins Allgemeine streben, deutlich sagen könnten, was sie wollen – was würden sie sagen? Einiges ist konkret formuliert worden, zuerst von den Kirchenoberen: Anspruch auf Artikulation, Ausbildungschancen, Reisemöglichkeiten, ziviler Ersatzdienst. Das war bis zum Konflikt – wird wieder sein – auf keinem ganz schlechten Weg; manches mehr, anderes weniger. Aber viele der Engagierten zielen darüber hinaus: auf eine gründlich andere Deutsche Demokratische Republik. Wie anders? Pluralistisch? Oder, gespeist aus religiös gestimmten Sehnsüchten, *wirklich* kommunistisch? Ohne Apparat. Wie funktioniert das? Und wie pluralistisch könnte, falls dies das Ziel ist, ein demokratischer Sozialismus sein? Ergebnisse repräsentativer Umfragen unter der Gefolgschaft der Basisgruppen in der DDR liegen nicht vor. Die Natur der Betroffenen und ihrer Sache schließen es aus. Regierungen aller Länder und Systeme, denen von ihren Geheimdiensten Gegenteiliges in Berichtsform vorgelegt wird, sollten sich betrogen, jedenfalls getäuscht wissen. Aber bezeichnende Gespräche sind möglich, wenn man das Terrain einigermaßen kennt, auf dem man sie führt.

Fragt man umher, so ergibt sich, daß die Wiederherstellung alten, das Bilden neuen großen Eigentums für die jungen Leute der Rede nicht wert ist. Setzt man nach, dann zeigt sich, daß sie mit derlei nicht aufgehalten werden wollen: Die Eigentumsverhältnisse in der DDR, in denen sie aufgewachsen sind, erscheinen ihnen so selbstverständlich, daß sie den politischen Kern darin kaum noch erkennen. Der deutsche Nationalstaat, die Vereinigung von BRD und DDR zu Deutschland, hoch in Ehren, erweckt eher Vorstellungen von ersehnter Freizügigkeit als von Identitätslükken, die unbedingt durch einen staatlichen Zusammenschluß von Brandenburgern und Rheinländern geschlossen werden müßten. Immerhin, mit der Friedensbewegung sind ein paar nationale Töne laut geworden: Unklare Wünsche richten sich auf ein vereintes Deutschland, das *irgendwie* neutral wäre und damit sich gerettet hätte und als eine beruhigte Mitte auch dem übrigen Europa hülfe. Jedoch ist selbst dies schon zu deutlich in Worte gefaßt. Politisch aufgeweckt, engagiert und von ihren Schulen in der DDR auch gebildet, sind den jungen Abweichlern politische wie historische Begriffe geläufig. Aber ihr *Irgendwie* reicht hinaus über Blockpolitik, Rüstungsbalance und

Sicherheitspartnerschaft: Es greift nach *mehr als Politik*. Nach welchem Ziel also? Die Frage engt schon ein. Wieso begreifen das die Frager nicht? Rückt man den Befragten zu nahe, will man es genau wissen, dann kommt der Verweis, der gelegentlich wie von einer Peitsche ist und mit dem sie sich Abstand von privilegierten Fragern verschaffen: erst einmal das mindeste, Reisen, Artikulation; danach kann man weiter sehen. Recht haben sie. Unter allen Umständen?

Ja doch, es ist nur menschlich, daß die Aufbegehrenden, die Ungeordneten kein komplettes Programm, keine ausgereifte Idee von einer so oder so verfaßten Zukunft haben. Wie sind denn jene beschaffen, die heute derlei besitzen, darüber verfügen? Die jungen Leute befinden sich ja gerade auf dem Rückzug aus Heimstätten, die mit vorfabrizierten Lehren von der Türschwelle bis unters Dach ausgekleidet sind: weg von solcher Partei und Schritt für Schritt auch von einer Kirche aus Hirten und Herde. *Kann nicht die Suche das Programm sein?* Wer an vergleichbare westliche Erscheinungen denkt, geht nicht in die Irre. Nicht jede Abweichung in der DDR vom Vorherrschenden ist ein Bekenntnis zur freiheitlich-demokratischen Grundordnung, wie sie in der Bundesrepublik ausgeübt wird. Oft vermittelt erst die westliche Propaganda die zweckmäßige Frontstellung. Hüben wie drüben lehnen Minderheiten zunehmend Antworten ab, die vom jeweiligen System gegeben und von den Mehrheiten mitgetragen oder geduldet werden. Das ist sozusagen ein gesamtdeutscher Zug, der freilich auch durch andere hochindustrialisierte Gesellschaften geht. Aber vielleicht nirgendwo so spürbar wie in Deutsch-

land: Gesellschaften wie die französische oder britische
etwa, die nicht von Grund auf vom Nationalsozialismus samt allen seinen Folgen, bis ins dritte und vierte
Glied, erschüttert worden sind, erweisen sich als weniger befallen.

Hübsch ist zu beobachten, wie solcher Art Minderheit
hierzulande die etablierten Kräfte – mindestens – mit
Unbehagen erfüllt, indes die von jenseits der Elbe ans
selbe bundesrepublikanische Herz gedrückt wird, bis
sie eine brauchbare Gestalt angenommen hat. Schöner
ist der Einklang von Nation und Interesse kaum zu
erleben als in dieser Umarmung. Falls allerdings die
von drüben hierher Abgeschobenen sich der Brauch-
barkeit am Ende nicht anbequemen, sondern wieder
bei ihrer Art Minderheit siedeln, dann werden andere
Saiten aufgezogen. Im Staatsdienst und bei Industrien,
die auf ihre Sicherheit zu achten haben, werden die
Neuankömmlinge, wenn sie sich nicht bis zum Gesin-
nungswandel herzen und diesen überprüfen lassen,
kaum einen Platz finden. Aber hat die hiesige Kirche
keine Nische? Und bei gegebenem Anlaß laden die
Medien ein, damit die nun hier heimisch Gewordenen
Zeugnis ablegen: als Reservisten des Ost-West-Kon-
flikts.

Vor zehn, zwölf Jahren bestanden politische, gesellschaftspolitische Gespräche zwischen einem Bundesbürger und einem Bürger der DDR, der sich mit der
parteiamtlichen Sprachregelung nicht begnügte, oft
über lange Passagen aus einem wechselseitigen Austausch von Fragen und Antworten. Man war neugierig
aufeinander. Das westdeutsche Fernsehen, die indi-
rekte Teilhabe, hatte den Hunger der Mitteldeutschen

auf die Diskussion mit jemandem von hier nicht stillen können, hatte ihn eher verstärkt. Wenn der Mann oder die Frau sich ihrem Staat, der DDR, kritisch verbunden fühlten, also weder nach Ausreise trachteten noch parteifromm waren, dann führten die Unterhaltungen schnell ins Konkrete – aber zugleich auch ins Theoretische. Merkwürdiges gegenseitiges Prüfen von Gedanken und Erfahrungen. Konkret im Vergleichen von Lebensumständen, stets erwähnt: die begrenzte Freizügigkeit, nicht selten parteilich begründete Hemmnisse im beruflichen Weiterkommen; konkret im Nachmessen sozialer Gegebenheiten, gesellschaftlicher Strukturen. Keineswegs empfanden die Gesprächspartner ihr Los in der DDR in jeder Hinsicht als benachteiligt. Öfter einmal gewann der Bundesbürger, wenn er später die Intonierung bedachte, die die Leute aus der DDR ihrem Abwägen beigegeben hatten – öfter einmal gewann er dann den Eindruck, sie hätten ihrer Gesellschaft erwartungsvoll Entwicklungen zugetraut und die bundesrepublikanische eher als fertig angesehen: in ihren Vorzügen und Mängeln. Theoretisch blieben die Unterhaltungen über durchaus konkrete Verhältnisse, weil etwaige Veränderungen in der DDR für die Bürgerinnen und Bürger des dortigen Staates jenseits des Horizonts ihrer eigenen Mitwirkung zu liegen schienen.

Heute belegen solche vergangenen Gespräche zwei wesentliche Merkmale der DDR: zum einen, daß der Zweifel an möglicher eigener Mitwirkung außerhalb des Parteirituals viele Menschen in der DDR stärker verbittert hat als manche sonstigen Beschränkungen. Zum anderen, wie unüberhörbar in einem Jahrzehnt

der Anspruch auf Mitbestimmung, Mitgestaltung geworden ist – Deutschland im Juni, der Ostberliner Kirchentag, der Kirchentag von unten haben es, nicht zum ersten Mal, an den Tag gebracht. (Die Erfahrung, daß auch alternative Mitwirkung, sobald sie über die Minderheit hinausreichen soll, mit dem Gefühl von Ohnmacht verbunden sein kann – diese Erfahrung steht den Basisgruppen der DDR noch lange nicht bevor. Sie ist, von anderen Gründen abgesehen, auch eher zu gewinnen in schnellebigen pluralistischen Gesellschaften, in denen Spuren gewöhnlich rasch verwehen, Aufsehen im Handumdrehen vergeht.)
Gespräche im anderen deutschen Staat zehn, zwölf Jahre nach den eben beschriebenen, fast zu Wehmut geronnenen, haben einen anderen Klang. Allgemein spürbarer als seinerzeit sind Verdruß, Unlust, Ermattung – auch unter den Gesprächspartnern von damals, die nach wie vor in Mitteldeutschland zu Hause bleiben wollen und in der DDR ihren Staat sehen. (Es gibt übrigens auch dazu eine Entsprechung in der Bundesrepublik, in der gewisse Kreise vor zwölf, fünfzehn Jahren ebenfalls, nicht nur altersbedingt, ein freudigeres Lebensgefühl besaßen als heute. Aber hier wird nicht die Welt der Westdeutschen ausgeleuchtet, sondern versucht, die DDR, so gut es von außen geht, zu ergründen.) Man hat sich müde gewartet. Die erheblich vergrößerten Möglichkeiten, in den Westen zu reisen: wie schön. Aber was daran vor einem Jahrzehnt auch wie das bestätigende Siegel auf Erwartungen gewirkt hätte, die man in den eigenen Staat setzte, ist – über das Warten hin – mehr oder weniger zu einem begrüßten, wichtigen, jedoch fast nur noch privaten

Vorgang geworden. Schwärenden Ingrimm erzeugen die täglichen, *schattenlosen* Erfolgsmeldungen über den real existierenden Sozialismus in den Medien des Landes. Das Ermatten an der eigenen Existenz hat jedoch nicht gleichermaßen eine Hinwendung zur westlichen Lebensform bewirkt. Man ist inzwischen weniger neugierig auf den Westen. Auch ohne eigene Erkundungen oder Berichte anderer Reisender, die sich vom Kaufangebot nicht überwältigen ließen, ist der Blick skeptischer geworden. Die vergangenen fünfzehn Jahre zunächst vor allem staatlicher – aber eben nicht nur solcher – Kontakte zwischen den beiden deutschen Staaten haben bei vielen Menschen in der DDR ein Empfinden entstehen lassen, Bescheid zu wissen: hüben wie drüben. Und weder da noch dort das zu finden, was ihnen vor einem guten Jahrzehnt den Gesprächston – durchaus im Blick auf die eigene Gesellschaft – erwartungsvoll gestimmt hatte. Was freilich – das Schöne am real existierenden Leben ist seine Unlogik – ihre Reiselust nicht dämpft und ihre resignierte Schärfe nicht stumpf macht, mit der sie eine bessere, richtiger: eine zuverlässige materielle Versorgung für endlich an der Zeit ansehen. Interessiert sind sie heute an Leuten, die gut genug Russisch verstehen, um ihnen bestimmte Zeitungen aus der Sowjetunion übersetzen zu können.

Waren viele Diskussionen mit ihnen vor zehn Jahren konkret und theoretisch, so ist das – natürlich variantenreiche – Grundmuster von Gesprächen mit Anhängern der Basisgruppen abstrakt, aber auch aufs Praktische gerichtet. Abstrakt, sobald gesellschaftspolitische, außenpolitische Themen außerhalb der Grundforderungen berührt werden; praxisbezogen, weil die jungen Leute, anders als ihre Vorläufer, die Arbeit in einer Gruppe, materiell dürftige, jedoch hochengagierte Veröffentlichungen, Aktionen zu bewerkstelligen haben. Da sie selber Veränderungen der Gesellschaft mittels ihrer Aktivitäten – und darin höchst konkret – betreiben, nicht auf einen als günstig erhofften, sozusagen anonymen Ablauf warten, sind sie noch über ihre Jugendlichkeit hinaus ungeduldig: Das anonyme Walten mag Zeit brauchen, den Fortschritt eigener politischer Arbeit will man messen können. Die Bindung an eine Gruppe schafft eine gewisse Neigung, sich abzukapseln von denen, die nicht Geist von ihrem Geiste, nicht Fleisch von ihrem Fleische sind. An eine weithin exklusive Kommunikation unter ihresgleichen gewöhnt; erfahren darin, auf Widerstand zu stoßen, und sei es nur auf den freundlichen Rat eines Pastors, nicht zu weit zu gehen, sobald sie ihr Engagement außerhalb der Gruppen artikulieren wollen, sind die abweichlerischen Aktivisten gelegentlich in der Gefahr, einerseits unter nahestehenden, aber nicht gebundenen Sympathisanten offene Türen einzurennen und andererseits durch Wortwahl und Präsentation ihre potentielle Gemeinde, nicht nur die kirchliche gemeint, zu verstören. Erleiden sie wegen ihrer Aktivitäten staatliches Ungemach, das allgemein bekannt wird, so ist ihrem Los eine breite, geneigte Aufmerksamkeit im Land sicher, die jedoch nicht in allen Punkten eine Zustimmung zu Inhalt und Auftreten bedeutet. Dann können die Aktivisten, was ihre Wirkung betrifft, über Nacht vom handelnden Subjekt zum passiven Objekt von Anteilnahme werden, wenn es gutgeht, oder auch von propagandistischem Mißbrauch.

Die Sprache der Alternativen, wo sie gruppenspezifisch wird, ist eine Mischung aus Verkündungspathos, Vokabeln von Eiferertum und Anklängen eines kessen Jargons, die zu rühren vermögen, weil sie Weltläufigkeit vortäuschen. Der Jargon läßt allerdings auch zu, daß gelegentlich Honecker – keß, salopp, flott – als „Dachdecker" apostrophiert wird. Der Staatsratsvorsitzende hat diesen Beruf einst erlernt. Was verrät die Sprache da? Nur die Bemühung, sprachlich mitzuhalten mit einem bestimmten westlichen Äußerungsstil, der durch ausgesuchte Wortwahl ohne Ansehung von Bedeutungslasten, von Sinn und Hintersinn einen Verblüffungseffekt anstrebt? Ist kein inneres Warnsignal vorhanden, das die jungen Leute bei aller Wut auf das Regime und dessen obersten Repräsentanten daran hindert, eine reaktionäre Gepflogenheit nachzuahmen, mit der Reichspräsident Ebert ein „Sattler" genannt wurde, um kundzutun, welche Volksschichten höhere Ämter nur angemaßt besetzt halten können? Sind sie so erfüllt von der jugendlichen Arroganz ihres Beginnens, daß böse Beispiele sie nicht schrecken? Weil sie ihren Anfang als beispiellos sehen? Oder steht ihnen der Sinn nach Abschätzigkeit?

Nicht vorauszusagen ist, wohin sich die Abweichler, die freiwillig oder genötigt ihren deutschen Staat verlassen haben, in der Bundesrepublik schließlich politisch schlagen werden. Wenn der Konflikt, der sie aus dem Land drüben getrieben hat, spektakulär genug war, um die hiesige zerstreute Aufmerksamkeit vorübergehend zu fesseln, dann ist in der Regel für einige Zeit ihr öffentlich akklamiertes politisches Programm, gemeinsam mit früher schon Übersiedelten, Ausgebürgerten die DDR anzuklagen. Grund haben sie genug. (Genügt dieser eine Satz und kann die Beschreibung der westdeutschen Realität fortgesetzt werden? Oder soll er besser noch einmal wiederholt werden? Also: Grund haben sie genug.) Solange sie ihre politische Aussage auf die eine Sache, die Anklage der DDR, beschränken und sich in die inneren Angelegenheiten der Bundesrepublik nicht einmischen, können sie der publizistischen Patronatsherrschaft gerade auch scharf rechts gerichteter Kreise kaum entgehen. Ihr etwa vorgetragenes Bekenntnis, zur politischen Linken zu gehören, wirkt oft wie ein verlegener, liebenswürdiger Trotz gegen eine noch ungewohnte Umgebung. Und freischweifend, eher abstrakt als konkret, wie ihre Programmatik ist, sobald sie über die Grundforderungen für ihr – bitter abgebrochenes – Leben in der DDR hinausgeht, wiegt ihre behauptete linke Position für die Rechte gering, verglichen mit ihrer Nützlichkeit. Diese Ausbeutung ist wohl, wie die Interessen liegen, wie die leicht zu erweckenden Emotionen der westdeutschen Mehrheit sie fördern, unausweichlich. Sie wird eher beeinträchtigt von der konkreten Überzeugung, daß die Sanktionen der DDR gegen ihre Dissidenten eine Schmach für die Staatsmacht sind – aber eine Schmach, die notfalls kaum ein Staat scheut: weswegen die Frage, wer den Notfall definiert, die politische ist. Hat jedermann vergessen, wie im Kalten Krieg, keine vierzig Jahre ist es her, die USA solchen ihrer Staatsbürger, die von der Norm abgewichen waren, die Reisepässe verweigerten; eine der geringeren Schikanen neben schweren anderen Mißhelligkeiten, darunter Gefängnisstrafen? Keine Entschuldigung für die DDR. Nur der – von Mal zu Mal verzweifeltere – Versuch, den Vorzug eines pluralistischen, undogmatischen Systems zu gebrauchen: ohne Angst vor einem Sündenfall zu analysieren und auf dem nüchternen Befund zu beharren. Von welchem Gefühlsgrad der Öffentlichkeit an gelten Vernunft als Verrat, das Festhalten an ihr als schändlich?

Wenn sich die Wogen des Aufgewühltseins in der Bundesrepublik, bis zum nächsten Anlaß, verlaufen haben, dann wird es wieder ruhiger um die Neuzugänge aus der DDR. Wer sich dann von ihnen den bundesrepublikanischen Dissidenten anschließt, autonomen Gruppen und anderem Gelichter, weil sich herausstellt, daß er auch hier das mehrheitliche Maß an Selbstbestimmung noch nicht als ausreichend empfindet, der macht seine Erfahrungen mit dem hiesigen Staat. Manche suchen ihr Auskommen in einer unpolitischen Nische. Künstlerische Darbietungen linker Abweichung gelten als Zierde des Pluralismus. Viele Ausgebürgerte kommen in ihrem politischen Bewußtsein nicht los von dem Land, das sie vertrieben hat: Mit anderen Ehemaligen bilden sie eine Szene, am stärksten ausgeprägt im Schatten der Mauer, in Westberlin, in der sie den Feldzug ums nachträgliche Rechtbehalten gegenüber der SED führen. Jede neue Ausbürgerung bestätigt ihnen, daß couragierte Auffälligkeit in der DDR – obwohl es drüben schon so aussah, als gebe es gesellschaftlichen Fortschritt in diesem Sinne, den Hoffnungsschimmer über Deutschland im Juni –

schließlich doch scheitern muß. Diese Haltung ist so erbarmungswürdig selbstverständlich wie das Sättigungsbedürfnis von Hungernden. Die heillosen Verletzungen, die unaufhörliche Betroffenheit: ihnen gegenüber ist für den, den die Zufälligkeit seines westdeutschen Geburtsorts begünstigt hat, das Argumentieren über kleine Schritte, Maß, Geduld und Perspektive am schwersten. Niemals ist er stärker versucht, sein Bedenken gegen einfache Antworten auszutauschen.

Die Medien müssen ihrer Art nach auf einen dramatischen Punkt bringen, was tatsächlich in der Regel ein langer Prozeß ist. Die Entwicklung eines begrenzten Freiraums unter dem Dach der evangelischen Kirche im anderen deutschen Staat, seit nun schon fast einem Jahrzehnt im Gange, blieb im Westen weithin unbeachtet. Der Kirchentag von unten im Juni war ein sichtbarer Schritt, dem viele vorausgegangen waren. Wenige Monate später hat der offene Konflikt zwischen seinen Anhängern und der Staatspartei, in den die Amtskirche hineingezogen wurde, eine Selbständigkeit erlangt, die schier jede Konsequenz möglich macht. Wirr verlaufen die Fronten in der DDR: innerhalb der SED; zwischen den Rettungsversuchen der Kirche für die Alternativen und ihrer Fürsorge für jene, die übersiedeln wollen in den Westen und sich deshalb an fremde Rockschöße gehängt haben; unter den Basisgruppen, die diskutieren, bis zu welchem Preis die Abweichung gerade noch erträglich bleibt. In Westdeutschland hat die betroffene Minderheit, von der sonst eher gleichgültigen Mehrheit ins Licht der Öffentlichkeit gerückt, ihre Auswahl getroffen: zwischen Freunden und Feinden, die immer noch fragen, wem es nützt, wenn die Auseinandersetzung auch dadurch gesteigert wird, daß man sie nicht als schweren Rückschlag sieht, den alle trachten müssen, mit Vernunft zu überwinden, sondern als Vorzeichen einer befreienden Einsicht in die Unvermeidlichkeit eines näherrückenden Endkampfs. Wie soll denn der aussehen? Die böse Macht und ihre Inhaber von der Wortgewalt bundesrepublikanischer Fernsehdiskussionen davongefegt? Schäbig gefragt. Nun die Gefühle sich aufdrängen, verhält sich die Minderheit mehrheitlich so, wie es ihr sonst selber oft widerfährt: Sie grenzt aus.

Wenn diese Chronik erschienen ist, wenn der nächste Juni ins Land kommt, dann kann inzwischen die sprichwörtliche andere Sau durchs Dorf gelaufen sein und Westdeutschlands breite Öffentlichkeit ihretwegen die Entwicklungen in der DDR wieder aus den Augen verloren haben – was gut wäre, denn es bedeutete, daß der Konflikt schnell unter Kontrolle geraten wäre. Die Pragmatiker könnten sich derer annehmen, die die Zeche bezahlen mußten, und ans Flicken der abgerissenen Verständigung gehen. Das wird noch schwerer sein als ihre Herstellung vor Jahren. Jedesmal, von Fall zu Fall, geht ein Teil Kompromißfähigkeit innerhalb der DDR und zwischen West und Ost zugrunde. Vielleicht schwelt der Konflikt aber auch noch, flackert immer wieder auf, trägt die nächsten heftigeren Zusammenstöße und schwereren Unterdrückungen in sich – und nährt östlich der Elbe die Drangsal, westlich von ihr die Erwartung eines Wunders. So, wie schon im hier festgehaltenen Juni, erster

Teil der Chronik, die Pfingstkrawalle Unter den Linden für viele Bundesbürger ein paar Tage lang den Zusammenbruch der DDR anzukündigen schienen. Die Ohren gespitzt, damit man nicht überhört, wenn der Ostblock mit nichts als einem Seufzer sich aus der Historie verabschieden wird.

Die schrittweisen, pragmatischen Veränderungen der gesellschaftlichen Regeln im anderen deutschen Staat über Jahre hin erreichen die Aufmerksamkeit der bundesrepublikanischen Öffentlichkeit nicht. Eine dramatische Zuspitzung, die ohne die Veränderungen nicht zu denken wäre, weckt das westliche Augenmerk. Und allsogleich wird auf Sieg gesetzt, der noch Opfer fordern wird, aber jeden Preis wert ist. Über Nacht blühen – hinter dem normalen Geschäftsgang der Regierung – Stimmungsmehrheiten im Lande auf, die außer einer Frontbildung keine Perspektive dulden. Mehrheiten aus Überzeugten und solchen Personen, die nicht zur Minderheit geschlagen werden wollen und sich beschwichtigen, daß es ganz ernst doch wohl nicht werde. Diesmal noch nicht, das nächste Mal noch nicht.

Nicht Stillschweigen wird angeraten, sondern die genaueste Prüfung, mit welchem Unterton die westlichen Stimmen erhoben werden. Zu den Beklemmungen der Zeit nach Juni gehört die ungeheure Geschwindigkeit, mit der die Auslieferung der Politik ans Gefühl sich vollzog. War es das – schrecklich – Normale, das sich Bahn brach? Nach jahrelangen Verirrungen die ersten Schritte auf der Rückkehr zum gewöhnlichen Verlauf der Geschichte?

Wenn irgendwo auf der Welt die Verhältnisse und die in ihnen angelegten Möglichkeiten, die guten wie die bösen, das Beharren auf einer schrittweisen Evolution, auf einem andauernden Ausgleich zwingend machen, dann ist dies in Europa. Aber die Frage, die nur den Privilegierten gestellt werden darf, denen jedoch vorwurfsvoll, lautet: Wann jemals hat die politische Evolution, der vernünftige Gang der Dinge, sich behaupten können gegenüber dem Rausch des Idealen, das sich totalitär gibt? Nach jedem Rückschlag – so bitter, so blutig für die Menschen – erhebt es wieder sein Haupt und erklärt so für unbesiegbar, was doch oft, allzu oft nur die Niederlage der Vernunft ist. Keine Verzweiflung ist tiefer als die der Vernünftigen.

*

Aus einer Kritik des Ostberliner Kirchenblatts über den Kirchentag im Juni als Ereignis im Fernsehen: »Die Aktuelle Kamera des DDR-Fernsehens... berichtete täglich ausführlich vom Kirchentag... Wichtiger als die quantitative Betrachtung ist jedoch die über Inhalt und Qualität der Berichterstattung. Ein Urteil vorweg: Den Kirchentag als geistliches Ereignis gab es, abgesehen von der Direktübertragung (des Schlußgottesdienstes) des ZDF nur im DDR-Fernsehen. Hier wurden längere Passagen aus Predigten und Meditationen über das Motto des Kirchentags wiedergegeben... In den Berichten von ARD und ZDF hingegen fehlte die geistliche Dimension. Der Kirchentag von unten kam in der Adlershofer Berichterstattung nicht vor – bedauerlich, denn das hätte den

Westmedien allen Wind aus den aufgeblähten Segeln
genommen. Für ARD und ZDF nämlich war das das
Hauptthema. Es gab Tage, an denen nur oder fast
ausschließlich über den Kirchentag von unten orakelt,
spekuliert, an den Haaren herbeigezogen berichtet
wurde.«
In jenen Tagen sind in der Hauptstadt der DDR viele
Unterschiede, Entfremdungen spürbar geworden, die
zwischen hüben und drüben auch hinter den ohnehin
verschiedenen Fassaden inzwischen bestehen. Mit seinem sanften Tadel des bundesrepublikanischen Fernsehens steht das Kirchenblatt – in der Auffassung, was
Medien tun und lassen sollen – der SED näher als dem
Bedürfnis des Publikums nach Information, die unter-
hält. Was den Menschen frommt, welche Grenzen ihren
Freiheiten zur personalen Selbstzerstörung, mindestens
Selbstauflösung zu setzen sind, ob wirtschaftliche Tätig-
keit den Markt heiligt – lauter unerledigte Fragen, die,
würden sie beantwortet, ebenso überraschende Quer-
verbindungen unter Deutschen hier wie dort aufdecken
wie auch als sicher unterstellte Übereinstimmungen zer-
stören würden. Die gängigen bundesrepublikanischen
Muster, die der politischen Nutzanwendung dienen,
entsprechen der nationalen Identität nur sehr ungefähr.
Zum Ostberliner Kirchentag im Juni waren auch westdeutsche Referenten geladen. Aber der wesentliche Vorgang war die Anstrengung von Kirche und Staatsmacht
in der DDR, miteinander auszukommen.
Auf einem Friedensforum in der Marienkirche, an dem
die führende kommunistische Völkerrechtlerin der
DDR teilnahm, wurde ohne Widerspruch formuliert:
daß Kirche in der heutigen Bedrohung der Welt nur

Kirche bleiben kann, wenn sie im konziliaren Prozeß politisch wird. In der Adventkirche wurde über Gemeinsamkeiten von Christen und Marxisten diskutiert. Ein Atheist: »Die Bergpredigt hätte Marx unterschreiben können.« Ein Pastor reklamierte sein Recht, »politisch Einfluß zu nehmen«. Die Zuhörer eigneten sich im Laufe des lebhaften Abends das Gespräch an. Ein Sekretär des staatlichen Jugendverbandes FDJ wollte wissen, was die Kirche tue, daß die jungen Leute zu ihr kommen. Die Hoffnungskirche war der Ort, an dem ältere Bischöfe und Pastoren, die unter dem Nationalsozialismus zur opponierenden Bekennenden Kirche gehört hatten, ihre Einsichten als »Zeit«-Zeugen vortrugen. Auf die Gegenwart gemünzt, wurde vor einer Kirche gewarnt, die zum Selbstzweck wird: »In der DDR ist die Kirche in deutlicher Weise aufgefordert, ihren Blick weiter zu lenken als auf sich selbst.« Zusatzfrage aus den Kirchenbänken: Ist die Kirche heute nur dann Bekennende Kirche, wenn sie etwas anderes sagt als allgemein bekundet wird? Antwort eines Altbischofs: »Das hieße, daß wir Gott nicht zutrauen, daß er auch durch Männer des Staates Gutes tun kann und tut.« Bei allen diesen Veranstaltungen konnten die Räume die Interessierten nicht fassen, die sich einfanden.

Zur Debatte über »Helsinki – Signal der Hoffnung für die Menschen und den Frieden in Europa« in der evangelischen Kirche in Berlin-Karlshorst hatte der Staat den für die Folgekonferenzen von Helsinki zuständigen Hauptabteilungsleiter seines Außenministeriums entsandt. Die Zuhörer im Kirchenraum hatten nicht nur die Bänke besetzt, sondern saßen auf dem

Boden dicht am Podium, das vor dem Altar aufgeschlagen war, standen gedrängt in den Gängen und
lehnten an den Wänden. Die Mikrofone waren defekt;
wer etwas sagte, zunächst vom Podium, später aus der
Menge, mußte mit natürlicher Stimmkraft sich Gehör
verschaffen. Als Kern der politischen Bedeutung des
Abkommens von Helsinki über Sicherheit und Zusammenarbeit in Europa galt, daß West und Ost sich dahin
verständigt hätten, die jeweils andere Seite nicht besie-
gen zu können, dies nicht einmal – anders als in der
bisherigen Geschichte – zu wollen. Daraus folge notwendig auch der Verzicht auf Vormacht.
Aus dem Auditorium wurde das Thema konkretisiert.
Der Mann aus dem Außenministerium der DDR,
ungeübt in nichtgegängelten Diskussionen, hatte einen
schweren Stand: Weshalb könnten die, die ausgereist
sind, nicht zurückkommen? Warum die Ablehnung
eines Reiseantrags nicht begründet werde? Wieso es
zwei Klassen in der DDR geben müsse, eine mit
Verwandten im Westen und eine ohne? Der Diplomat
erinnerte in seiner Unbeholfenheit, die dem tüchtigen
Mann beruflich nicht eigen ist, an bundesrepublikanische Politiker vor zwanzig Jahren, als diese im
Umgang mit jungen Westdeutschen entdeckten, daß
ihre Amtsautorität die gestanzten Floskeln ihrer Antworten nicht mehr vor höhnischem Widerspruch
bewahrte. Nach der Veranstaltung plagte sich der
Ungeübte mit Selbstzweifeln. Während der Diskussion
wurden hastig beschriebene Notizzettel und Pro-
grammhefte des Kirchentags durch die Reihen nach
vorn zum Podium gegeben, gerichtet an die beiden
westdeutschen Diskutanten. Niemand im Kirchen-

raum, der die Papiere weiterreichte, warf einen Blick darauf. Alle schienen zu wissen, was auf ihnen geschrieben stand. Über zwanzig hatte am Ende der eine Westdeutsche erhalten, achtzehn der andere: Namen, Adressen und Bitten, bei der Ausreise aus der DDR vermittelnd zu helfen.

*

Das, was zwischen den beiden deutschen Staaten *humanitäre Fragen* genannt wird, die Übersiedlung aus der DDR in die Bundesrepublik, die Besuchsreise in den Westen, hat Erich Honecker, seitdem er 1971 der erste Mann der SED geworden war, immer als seine Angelegenheit behandelt; als Chefsache, in der er oft bis in Einzelheiten hinein entschieden hat. Erfahrener Politiker, der er ist, wird er gewußt haben, daß die Probleme der beschränkten Freizügigkeit schier unablässig den Lebensnerv des von ihm regierten, repräsentierten Staats berühren. Aber es gibt natürlich auch führende Politiker, die sich möglichst lange weigern, eine schwierige, vielleicht unlösbare Sache in ihre Zuständigkeit zu ziehen. So hat sich der Generalsekretär der SED nicht verhalten. Kenner der Problematik, die in der DDR leben, Pastoren der evangelischen Kirche etwa, bezweifeln – ganz überwiegend nicht selbstgerecht, sondern voller Kummer –, daß die Führung der DDR eine für alle befriedigende Lösung finden kann. Dies, so befürchten sie, wird noch auf lange Zeit eine offene Wunde bleiben. Sie haben in den jüngst vergangenen Jahren nicht ohne innere Bewegung, zwischen zager Hoffnung und Resignation, von der Anstrengung gesprochen, die Honecker erkennbar seit drei, vier Jahren konsequent, wenn auch in den Mitteln wechselnd, unternommen hat, um eine relative Freizügigkeit mit den besonderen Existenzbedingungen der DDR – an der ideologischen Grenze der Welt der Nachbar eines reichen Staates derselben Nationalität – in Einklang zu bringen.

Wird, was Honecker versucht hat, eines Tages ihm den größten Respekt, aber auch die bitterste Nachrede eintragen? Seitdem sein Staat nach dem Juni in westliches Gerede gekommen ist, was dem neuen Kurs der Sowjetunion abträglich sein kann, halten mittlere sowjetische Chargen kaum noch die Hand vor den Mund, wenn sie sagen, der alte Mann müsse seinen Platz räumen. Sie sind jedoch ratlos, sobald sie gefragt werden, ob sie einen härteren oder einen nachgiebigeren Politiker an seiner Stelle sehen wollen. Das Regieren scheint überall schwieriger geworden zu sein.

Wer legt für welchen Staat, der sich nicht aufgeben will, die Hand ins Feuer, daß der duldend hinnimmt, wenn Ärzte, Ärztinnen und andere qualifiziert ausgebildete Männer und Frauen in einer Zahl abwandern, die die zurückbleibenden Menschen gelegentlich ohne notwendige Versorgung läßt? Wer wagt es? Solange Erkenntnis als ein aufklärerisches Ideal zugelassen bleibt, kann jedermann – sofern er nicht meint, er müsse stets blindlings Farbe bekennen – sich die Einsicht leisten: Unter den hochentwickelten Staaten der Welt ist die Situation der DDR einmalig: und sollte daher im Westen eher nachdenklich stimmen als selbstgerecht. Wer aus der DDR in die Bundesrepublik kommt, muß weder die Sprache wechseln noch die absichernde Zulassung als Staatsbürger mühsam erkämpfen. Auch ist ein etwaiges Qualifizierungsgefälle entweder gar nicht vorhanden, in manchen Fächern von Ost nach West abfallend oder umgekehrt gering. Ein Bonner Verzicht auf die gemeinsame Staatsbürgerschaft würde nichts ändern: Kein westdeutscher Politiker, so ist – aus humanitären, nicht aus nationalen Gründen – zu hoffen, würde die hierher gelangten Deutschen aus der DDR per Schub zurückschicken.

Aber die Einmaligkeit der Notlage des anderen deutschen Staates gründet tiefer, als es allein aus dem materiellen Glanz der Bundesrepublik zu erklären ist. Die deutsche Misere, das Unglück einer Teilung, die auch den Charakter eines latenten Religionskrieges hat, erweist sich bei vielen Menschen in der DDR gerade in der unseligen Überlagerung persönlicher Nöte durch ideologisch eingefärbte Fehlschlüsse über die wirklichen Ursachen, an denen man krankt. Tatsachen, nichts als Tatsachen. Bis ins Tragische hinein können die Irrtümer führen, die hoffen machen, nach erfolgter Ausreise werde aller Kummer behoben sein: endlich entkommen, werde die Erde wieder ins Lot geraten, würden die heranwachsenden Kinder wieder brav sein, verschaffe der Beruf Selbstverwirklichung.

Kein westdeutscher Privilegierter hat das Recht, auswählende Motivforschung unter den Männern und Frauen in der DDR zu betreiben, die ausreisen wollen. Auch der drüben gut ausgebildete junge Mann, der weniger aus einem politischen Grund als mit der Absicht in den Westen kommt, seine gesellschaftliche Zukunft hier, bildlich gesprochen, als Faustkampf zu gestalten – auch er nimmt sich nur, was nach sehr bestimmenden Maßstäben des bundesrepublikanischen Treibens, was in der unvergleichlichen geistigen Mischung hierzulande aus Leistungsmythen, dem Recht des Stärkeren und Tellerwäscherlegenden mehr als gerechtfertigt ist. Bundesbürger können mit Bürgern der DDR, die auf ihr Menschenrecht auf Freizügigkeit pochen, nicht darüber argumentieren. Sie können nur, soweit es ihnen möglich ist, helfen. Die Ständige Vertretung der Bundesrepublik Deutschland bei der Deutschen Demokratischen Republik hatte wenige Monate nach ihrer Eröffnung im Sommer 1974 die ersten Besucher, die sich nur nach garantierter Zusicherung ihrer Ausreise auf Verhandlungen über die Modalitäten einließen: ein Geheimnis, das seinerzeit im Interesse der Betroffenen gewahrt werden konnte und heute nicht mehr schutzbedürftig ist. Bei wie vielen Menschen war bei diesen und anderen Gelegenheiten im Gespräch zu erkennen, daß nicht eintreten werde, was sie von der Übersiedelung so sehnlich erwarteten? Man konnte nur, in allen Fällen erfolgreich, behilflich sein, daß sie das andere Ufer erreichten, an dem sich ihr Unglück nicht verflüchtigte. Spätere Nachrichten bestätigten oft die bange Mutmaßung. Glücklicherweise gibt es viele Mitteldeutsche, die im Westen gefunden haben, was sie suchten.

In der bundesrepublikanischen Öffentlichkeit wird gern erörtert, wie hoch, nach allem was man hört, die Zahl derer ist, die in der DDR einen Ausreiseantrag gestellt haben. Was dabei in Deutschland Schikanen für die einen zur Folge hat, ist für viele andere, westlich der Elbe, ein Siedepunkt der Selbstgerechtigkeit.

Aber was die ungleiche Teilung eines Volkes bedeutet, worin die Einmaligkeit der Situation der DDR im tiefen Grunde besteht, das liegt unter anderem in der Antwort auf eine einfache Frage: Wenn jeder Westdeutsche, Mann oder Frau, der bis in die tiefste Herzkammer, bis in die bitterste Verzweiflung von seinen Lebensumständen frustriert ist, dem tröstlichen Irrtum anhängen könnte, gleich nebenan werde alles Ungemach am Arbeitsplatz, mit Frau, Kindern, Vorgesetzten behoben – wie viele Ausreiseanträge würden in der Bundesrepublik gestellt werden? Es existieren genug andere Gründe für das Bedürfnis nach Übersiedelung aus der DDR hierher; aber den in der Frage eingeschlossenen gibt es auch. Wieviel Sachlichkeit verträgt der Bundesbürger, wenn er von deutschen Zuständen hört?

Honecker hatte sich vor einigen Jahren bemüht, das Problem mit erheblich vermehrten Genehmigungen zur Ausreise zu meistern. Seinerzeit verblaßte das sonntägliche Nationalgefühl hierzulande werktags vor der großen Zahl von Zuzüglern, die Arbeit oder Sozialhilfe suchten. Seit nun über zwei Jahren verfährt die DDR großzügiger bei Besuchsreisen in den Westen, was, wie bei kommunizierenden Röhren, offenbar verbunden ist mit verminderten Übersiedlungszahlen. Wird der Staat sich zutrauen, beide Ventile zu öffnen, die Willkür der Genehmigungspraxis zu beseitigen, überprüfbare Regeln zu schaffen, die Besuchsreisen von familiären Anlässen zu befreien? Ist für die Reisen in den Westen keine Verrechnung zwischen den Staatsbanken möglich, die den Bürgern der DDR drüben eine Einzahlung in ihrer Währung –

ihrem Geld – gestattete, woraufhin sie hier dieselbe Summe in D-Mark ausgezahlt bekämen? Keine Almosen mehr. Ist kein Bonner *Staatsmann* zu finden, der laut und öffentlich nachdenkt, ob für bestimmte, besonders qualifizierte Übersiedler eine Karenzzeit gelten könnte, bevor sie hier im dort erlernten Beruf arbeiten können? Der Markt kennt Konkurrenzklauseln. Den Menschen wäre *den Umständen nach* geholfen. Aber der Kompromiß wäre Kumpanei. Für Menschenrechte in der DDR gilt: alles oder nichts – sofort.

*

Der Himmel war grau verhangen, und dann und wann regnete es ein paar Minuten, als am Sonntagnachmittag, 28. Juni, über zwanzigtausend Menschen zum Abschlußgottesdienst des Ostberliner Kirchentags zusammenkamen. Volkspolizisten regelten die Zufahrt zu den Parkplätzen. Die Feier im Köpenicker Fußballstadion »Alte Försterei« war die üblich gewordene Mischung aus herkömmlichen Riten, Gebeten, Gesängen und modischer Garnierung durch sentimentale Schlager und ähnliche Musikeinlagen. Wenn die christlichen Kirchen sich in den Formen modern geben, wirken ihre Selbstdarstellungen oft wie ein Vereinsfest in Kyritz an der Knatter unter dem Motto »Heiter und besinnlich«. Aber die Leute im Stadion, soweit man es ihnen ansehen konnte, schienen wirklich heiter zu sein. Gelassenheit kennzeichnete die Versammlung. Wer sich die Beine vertreten wollte, verließ die Bank und schlenderte auf dem dünnen Rasen des vorstädtischen Fußballfeldes umher. Die Gläubigen des Kirchentags von unten zogen mit Transparenten an den Bankreihen vorüber: *Glasnost in Staat und Kirche – Für einen sozialen Friedensdienst – Tief bewegt sein, ist was Schönes, besser ist, sich selbst bewegen.* Die staatlichen Chargen, die als Ehrengäste gekommen waren, zeigten sich unbeeindruckt. Die Versammelten nahmen ihre Halstücher mit der aufgedruckten Losung des Kirchentags: *Ich will bei Euch wohnen* ab, verknüpften sie mit denen der Nachbarn und hielten das Tücherband hoch über ihre Köpfe. Nach Schluß des Gottesdienstes schob sich die Menge fröhlich schwätzend zu den Ausgängen. Man war in den vergangenen drei Tagen ein Stück weitergekommen. Aus der ersten Bilanz des zuständigen Generalsuperintendenten zitiert: »Nur was ins Gespräch gebracht wird, hat eine Chance, gelöst zu werden.«

Nach wenigen Monaten verweht? Erstickt von den Üblichkeiten dort wie hier?

Günter Gaus
Zur Person
Von Adenauer bis Wehner
Portraits in Frage und Antwort
KiWi 130

Als Günter Gaus ab April 1963 in der ZDF-Sendung *Zur Person* einmal im Monat auf dem Bildschirm erschien, konnten unzählige Fernsehzuschauer immer wieder fasziniert verfolgen, wie es ihm gelang, seine Interviewpartner zu Aussagen zu verführen, die dem glatten, kontrollierten Bild bewegend ehrliche oder auch entlarvende Züge hinzufügten. Drei Jahre lang holte sich Gaus Personen des öffentlichen Lebens vor die Kamera. Zehn der Interviewten kann man, im weitesten Sinne, als die Gründungsväter der Bundesrepublik Deutschland bezeichnen.
Dieser Band enthält Gespräche mit Konrad Adenauer, Willy Brandt, Otto Brenner, Thomas Dehler, Ludwig Erhardt, Fritz Erler, Eugen Gerstenmaier, Helmut Schmidt, Franz Josef Strauß, Herbert Wehner aus den Jahren 1963 bis 1966.

KiWi Paperbackreihe bei Kiepenheuer&Witsch

GÜNTER GAUS
DIE WELT DER WESTDEUTSCHEN

Kritische Betrachtungen
KiWi 154

Günter Gaus untersucht die Bundesrepublik Deutschland
auf ihrem Weg aus der Nachkriegszeit zu ihrer gegenwärtigen Existenzbedingung; er skizziert mögliche künftige
Entwicklungen des Landes.

»Was sein Buch, seine Art zu denken und zu schreiben,
wirklich hochaktuell und auch faszinierend macht, hängt
mit der strengen Leidenschaft zusammen, mit welcher er
die behauptete Normalität in Frage stellt. Diese Republik
zwischen Auftrumpfen und Selbstbeschwichtigung paßt
ihm nicht. Sie wird selbstzufrieden. Wer wird es nicht? Es
gehört eine Menge dazu, aus solcher Zufriedenheit mit
quälenden Fragen und bohrenden Thesen herauszurei-
ßen. Beim Lesen schwört man sich, den Begriff ›Normalität‹ künftig mit doppelter Vorsicht zu gebrauchen.«
Günter Hofmann, Die Zeit

KiWi Paperbackreihe bei Kiepenheuer&Witsch

WILLY BRANDT
DER ORGANISIERTE WAHNSINN

Wettrüsten und Welthunger
Mit einem neuen Vorwort
KiWi 153

Willy Brandt faßt seine Erfahrungen, die er als Vertreter des friedlichen Dialogs zwischen Ost und West und als Vorsitzender der Nord-Süd-Kommission von 1977 bis 1983 gesammelt hat, in einem sehr persönlichen Buch zusammen.

»Brandt drängt die Regierenden in Ost und West zum Handeln. Seine Botschaft ist einfach, zwingend und für jeden begreifbar, der die drohenden Zeichen der Zeit zu erkennen vermag. Sein Buch ist wichtig, des Autors und des Inhalts wegen, lesenswerter und dazu noch lesbarer als die meisten Bücher von Politikern. Seine kraftvolle Sprache, die sich niemals akademisch aufzuplustern versucht, seine illustrativen Bilder und Vergleiche, sein dosierter Einsatz von Zahlen, deren Entschlüsselung keine Statistikausbildung voraussetzt, und seine engagierte Argumentation machen die Lektüre leicht, sogar spannend.

Das Parlament

KiWi Paperbackreihe bei Kiepenheuer&Witsch

Jutta Ditfurth
Träumen Kämpfen Verwirklichen

KiWi 158
Originalausgabe

Jutta Ditfurth gibt in ihrem Buch ein umfassendes Bild der Motive ihres politischen Handelns, der überraschend weitgesteckten Felder ihrer Aktivitäten und ihrer theoretischen Positionen in den Auseinandersetzungen mit den politischen Kräften der Bundesrepublik, auch innerhalb der grünen Partei.

Damit ist dieses Buch auch ein Beitrag zur politischen Geschichte der Bundesrepublik »von unten«. Aus radikal-demokratischer und radikal-ökologischer Sicht entwickelt sie eine Position gegen Anpassung und Resignation »jenseits von bewaffnetem Kampf und reformistischer Anpassung in der heutigen Bundesrepublik« *Jutta Ditfurth.*

KiWi Paperbackreihe bei Kiepenheuer&Witsch

GLASNOST – NEUE OFFENHEIT

Artikel und Leserbriefe aus der sowjetischen Presse
Herausgegeben von Uwe Engelbrecht
Aus dem Russischen von Detlef Malchow
KiWi 146

Seit dem Machtantritt Gorbatschows erlebt die Sowjetunion atemberaubende Veränderungen auch und vor allem auf dem Gebiet des Pressewesens.
Uwe Engelbrecht hat eine Auswahl von Artikeln, Kommentaren und Leserbriefen der letzten Monate zusammengestellt, die ein authentisches Bild der Veränderung in der sowjetischen Presse zeigen und ein faszinierender Spiegel eines Landes im Umbruch sind.

KiWi Paperbackreihe bei Kiepenheuer&Witsch

Herbert Wehner
Zeugnis

Autobiographisches 1929-1942
Antworten auf Fragen zur Person

1946, noch vor seiner Rückkehr aus Schweden nach Deutschland, machte Herbert Wehner eine ausführliche Niederschrift über seinen bisherigen Lebensweg. Er schrieb in wenigen Wochen als »strenge persönliche Verpflichtung« die »Notizen« nieder: ein Bericht über das, was er im Deutschland vor 1933, in den folgenden Jahren der »illegalen« politischen Arbeit und ab 1937 in der Emigration in Moskau erlebt und erfahren hat. Diese Zeit wurde immer wieder zum Anlaß genommen, ihn anzugreifen, zu verleumden. Die »Notizen« kennen bisher nur wenige; jetzt, Anfang der Achtzigerjahre, war der Abstand weit genug, um Herbert Wehner dazu zu bewegen, sie zur Veröffentlichung freizugeben. – Äußerungen »zur Person«, die er in Interviews im Laufe der Jahre getan hat, vervollständigen das Bild vom Menschen und Politiker Herbert Wehner.

Kiepenheuer & Witsch